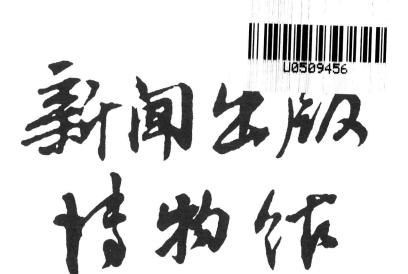

新闻出版博物馆

总第二十八期　　2021年第1期

新闻出版博物馆（筹）编

学林出版社

图书在版编目（CIP）数据

新闻出版博物馆 . 第 38 期 / 新闻出版博物馆（筹）编 .
—— 上海：学林出版社 ,2021
ISBN 978-7-5486-1798-3

I.①新···II.①新···III.①编辑工作—文化史—中国—文集
②出版工作—文化史—中国—文集 IV.① G239.29-53

中国版本图书馆 CIP 数据核字 (2021) 第 171571 号

责任编辑　　李晓梅

封面设计　　陶雪华

新闻出版博物馆（总第三十八期）

编　　者　新闻出版博物馆（筹）

出　　版　学林出版社
　　　　　（200001 上海市福建中路 193 号）

发　　行　上海人民出版社发行中心
　　　　　（200001 上海市福建中路 193 号）

印　　刷　上海商务联西印刷有限公司

开　　本　787×1092　1 16

印　　张　10

字　　数　140 千

版　　次　2021 年 6 月 第 1 版

印　　次　2021 年 6 月 第 1 次印刷

ISBN 978-7-5486-1798-3/G·672

定　　价　58.00 元

《湘江评论》：百年薪火红色传承

毛真好

2020 年 11 月，出版家范用先生的家属再向我馆捐赠范用先生部分珍藏和遗物，其中就有极其珍贵的整套《湘江评论》。

1919 年 7 月 14 日，湖南学生联合会刊物《湘江评论》在长沙创刊，这是毛泽东创办并亲自主编的第一份正式报纸。它以"宣传最新思潮"为宗旨，报道和评论国内外最新革命形势，介绍有关政治、教育的最新思想；一面大力倡导民主与科学，一面对帝国主义的侵略本性和封建势力的腐朽本质作抨击。

尽管只出版发行了四号与临时增刊第一号的《湘江评论》当年 8 月即被查封，该报影响却十分深远，被李大钊称赞为"全国最有分量、见解最深的报刊之一"。如毛泽东早期一篇重要文章《民众的大联合》在第二、第三、第四号上连载后，被上海、北京、成都等地一些报刊相继转载或推荐，得到了新文化运动背景下其他刊物的高度认可。而任弼时、郭亮、向警予等都是受到《湘江评论》的启发，开始觉悟，投身革命的洪流之中，后来成为党早期的杰出领导人。

《湘江评论》创刊号
（1919 年 7 月 14 日，共四版）

《湘江评论》第二号
（1919 年 7 月 21 日）

《湘江评论临时增刊》第一号
（1919 年 7 月 21 日）

目 录

顾 问

丁法章　贾树枚

编委会主任

徐　炯

编 委

孙　颙　邹振环

张志强　张　伟

杨　扬　陈正宏

祝君波　黄　瑚

赵书雷

执行主编

赵书雷

编辑部主任

张　霞

文字编辑

毛真好　王草倩

王嫣斐

美术编辑

章立言

版式设计

卜允台

主 管

上海市新闻出版局

主办单位

中国近现代新闻出版博物馆

编 辑

《新闻出版博物馆》编辑部

地 址

上海市钦州南路 81 号 1805 室

E-mail

xwcbmuseum@163.com

电 话

021-61255461

邮 编

200235

Contents

党章改版记

陈有和

近日，我来到王府井新华书店，看到书架上陈列的便携式袖珍本党章，不禁回忆起 2007 年中共十七大党章的改版。追溯历史，心里充满了无限感慨。

中国共产党第十九次全国代表大会修订的最新版《中国共产党章程》

一

《中国共产党章程》是中国共产党的根本法规，是把握党的正确政治方向的根本准则，是党员加强党性修养的根本标准，是坚持"从严治党"方针的根本依据。其内容包括党的政治纲领以及有关党的组织制度、活动方法等基本问题的规定，是全党意志的集中体现。

1921 年 7 月在上海召开的中国共产党第一次全国代表大会，宣告中国共产党正式诞生，这是中华民族发展史上开天辟地的大事变，大会讨论和通过了中国共产党第一个纲领，这是党的历史上关于党的建设的第一个马克思主义的光辉文献。虽然该纲领对党的组织章程、组织原则、组织机构和发展党员作了明确的规定，但它毕竟不是实际意义上的党的章程。党的章程的制订，最早是在 1922 年 7 月上海召开的中国共产党第二次全国代表大会上，会议讨论和通过了《中国共产党章程》。这是中国共产党历史上第一部比较完整的章程，共六章，二十九条。章程第一次明确提出了彻底地反对帝国主义和反对封建主义的民主革命纲领，即党的最低纲领，第一次详尽地规定了党员条件和入党手续，对党的组织原则、组织机构、党的纪律和制度也都作了具体的规定，明确阐释了党的民主集中制的原则。大会依据《中国共产党章程》的规定，第一次正式选举产生了中央执行委员会。

一百年来，中国共产党的党章经历了一个由初创，逐步发展，达到成熟，遭受严重曲折，又重新恢复与不断创新的历史过程。从 1923 年党的第三次全国代表大会开始，除党的五大在蒋介石发动四一二反革命政变、大肆屠杀共产党人和革命群众、大革命遭到严重挫折这样一种特殊紧急情况下召开而无暇顾及党章的修改问题之外，每一次党的全国代表大会，都把修改党章作为一项重要的议程，这反映了我们党所处的国际国内客观环境和党自身状况的变化对党的建设工作提出的新要求，以及党针对变化了的情况作出的战略部署和重要调整。每一次党章的修改都反映了我们党对党的建设规律进行的探索。可以说，党的历次代表大会不断对党章进行修改、补充和完善的过程，也就是党的工作和党的建设不断发展变化的历程。党章的变化和发展，充分体现了党的工作和党的建设的变化和发展。

自从"二大"通过中国共产党的第一个章程以后，党章就成为每一名共产党员的行为规范，也是对每一名党员进行教育的最基本的教科书。是否有效学习党章、遵守党章、贯彻党章，关系到增强党的创造力、凝聚力、战斗力，关系到巩固党的执政地位和保持党的先进性，关系到党的事业兴衰成败和党的生死存亡。革命战争年代的早期，由于需求量小，加上印制条件有限，也为了保密和携带使用方便，党章一般都是由各级组织制作，油印本居多。抗战时期，党在陕北建立了革命根据地，组建了解放社和新华书店，党章的印制也步入正轨，特别是党的七大召开后，解放社和新华书店都出版了自己的党章单行本，各个抗日根据地的新华书店依据这两个版本进行了大量翻印，以满足需求。新中国成立后，为了保障广大党员干部学习与遵照执行的需要，党章出版的印制任务，责无旁贷地落在了人民出版社的肩上。

二

为了方便广大党员的学习与使用，每次党的代表大会通过新修订的党章，人民出版社都要及时出版新的党章单行本。为满足各个层次、各种类型的使用需要，出版社会设计多种类型的版本，包括精装本、平

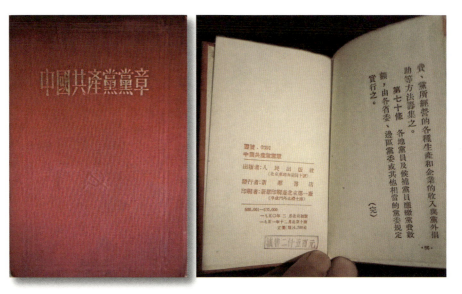

"七大"通过的《中国共产党党章》（人民出版社1950年2月版）

装本、普及本、袖珍本等，特别受读者欢迎的是便携式的袖珍本，社会需求量最大。

新中国成立后最早印制的袖珍本党章是 1945 年 6 月 11 日"七大"通过的《中国共产党党章》，1950 年 2 月版，书号 0391，封面采取红色丝织物加纸板裱糊的硬面精装本，书名烫金、党徽压凹起边线，四边角有五角星图案。纸张尺寸为 787×1092，开本 1/100，正文繁体竖排，十一章七十条，12000 字，共 56 个页码，定价 4700 元（旧币）。1951 年 12 月北京第 10 版后改减售 2500 元（旧币），1955 年 4 月第 22 次印刷时，定价改为（精）0.25 元。

不过这一时期在市场上流通的还有用解放社 1950 年 5 月版及新华书店 1950 年 5 月版加印的《中国共产党党章》，书号也是 0391。与人民社版不同之处是：两种版本的正文版面一样，用纸用料都不是太好。封面为红色漆布面，书名压凹，党徽起凸，正文竖排上加书眉，定价 1.50 元，新华书店有的版本书名下还标注"袖珍本"。但这两种版本在 1951 年后就没有再在市场上看到，市场上流通的只有人民出版社一家

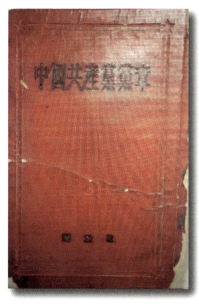

"七大"《中国共产党党章》
（解放社 1950 年 5 月版）

"七大"《中国共产党党章》
（新华书店 1950 年 5 月版）

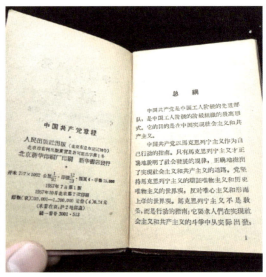

"八大"通过的《中国共产党章程》（人民出版社 1957 年 7 月版）

出版的《中国共产党党章》版本。其中原因一是国家对出版的全面管理整合，要求分工专业化；二是人民出版社作为国家政治书籍出版社已专门承担起党和国家政治书籍的出版任务，解放社业务在是年 12 月宣告结束，由人民出版社取代，新华书店也不再涉及编辑出版业务，原编辑部及人员划归人民出版社。

1950 年 2 月人民版的《中国共产党党章》版面清新、简约、大气，出版后立刻受到广大读者的认可。个别地方如上海的华东人民出版社到 1954 年 9 月时还在第 25 次加印 1950 年 5 月的新华书店版，不过版权页上的"新华书店"已改为"人民出版社"。

党的一大召开时，全国的党员只有 50 多人。全国解放前，"七大"时是 121 万党员，1949 年 10 月新中国成立时全国党员发展到 448 万人。"八大"召开时全国党员到了 1073 万人，"十一大"时是 3500 多万，"十二大"时是 3900 多万，"十三大"时是 4600 多万，"十四大"时是 5100 多万人，"十五大"时是 5800 多万人，"十六大"时是 6600 多万人，"十七大"时是 7300 多万人，"十八大"时是 8200 多万人，"十九大"时是 8900 多万人，2019 年底统计 9191.4 万人。党员数量激增，对党章的需求量也是巨大的。

　　人民出版社出版的政治类学习读物，在全国读者中的需求量都比较大，而且很多品种要求出版后在很短的时间里覆盖到全国，因此仅靠自己一家出版社很难完成任务。在中央的指示下，从 1950 年 12 月人民出版社重新建立起，就制订了政治读物分地造货的租型业务。

　　1956 年党的八大召开后，面对激增的党员读者群体，一开始 1957 年 7 月版的"八大"《中国共产党章程》仅限定在京沪两地租型印制造货，后来随着需求加大，改为华东、华南、西北、华北、东北各大区。为缩短广大读者的等候时间，加快出版发行的供应，到 1960 年后就放开改为各省市都可以租型造货。此版本延续了"七大"《中国共产党党章》的形式，开本大小则从 1/100 改为 1/92 精装本，封面为深红色，仍为丝织面，定价 0.24 元。人民出版社后又推出一款袖珍普及版的平装本供各地租型，定价为 0.08 元。

　　从 1949 年新中国成立至今，党章一共经历了 12 次的修订及改版，将"八大"召开前使用的"七大"《中国共产党党章》一版算上，至今已有 13 个版本。但从外观上来讲，数量最大的袖珍版，外观材料的重大改变只发生了两次：一次是 1969 年的"九大"《中国共产党章程》，一次是在 2007 年"十七大"修订的《中国共产党章程》。

　　1969 年的"九大"《中国共产党章程》袖珍版，封面受当时"红宝书"的启发，设计采用了 20 世纪 60 年代最时髦的装帧材料——塑料膜封套；考虑到便于携带，内芯开本，纸张为 787×1092 的 128 开，大小可放手掌心，成为名副其实的袖珍本。由于这届通过的党章字数不到 3000 字，开本虽小，也只有 30 个页码，内芯锁线装订，两张插页为黑白照片，为袖珍软精装，定价 0.10 元。

　　此版本小巧，外观塑皮柔软平整、艳丽、防水、防潮，好携带，非常适合当时的高频率、高流动性人群社会活动的需要。红塑皮版本虽小，但工艺却很复杂，所以人民出版社又多提供了一个不带塑封套的袖珍平装本，定价为 0.04 元。不过使用起来不如塑皮的软精，没有得到社会的认可，印量流通很少。军队系统版本，塑料封面书名下加烫金五角星

"九大"《中国共产党章程》袖珍软精装本与平装本

"十二大"通过的《中国共产党章程》(左)
和"十六大"《中国共产党章程》(右)

图案以示区别，两个插页均为彩印，无定价。

"十大""十一大"的党章延续了"九大"的形式。

1982年，党的第十二次全国代表大会召开时，正是改革开放的初期，思想解放，实事求是，考虑塑封皮的袖珍软精装党章开本太小，拿起来阅读不方便，将用纸规格从过去的787×1092改为了850×1168，虽然仍是128开本，但成品尺寸大了一圈。同时，为了便于读者在外观上区别上一版的老党章，塑封皮颜色也从大红改为酱红色，一时还引起了社会上读者的不理解和强烈批评。

三

我从1996年起兼任人民出版社经理部经理，主管出版发行工作，1998年起担任社领导后，直接抓生产管理，文件租型是其中很重要的一项任务。人民出版社每年的政治出版任务都很重，上级领导对此也是一年比一年抓得紧，要求高。特别是党和国家的重大政治会议文件的出版更是作为重中之重的工作来抓。

在铅字排版的年代，一本书最快也要十天半个月才能排版出来，后来电脑普及了，排版的问题解决了，但录入、校订、改版、印刷、装订等基本程序都要走，都需要时间。不仅要保证质量，还要尽量缩短时间。出版社和各租型单位都在努力。

随着对租型图书的时间和质量的要求越来越高，党章印制中的问题也明显地暴露出来，其中塑料套封问题首当其冲。塑料质轻，化学性稳定，不会锈蚀，耐冲击性好，具有较好的耐磨耗性，着色强，加工成本低，这是它的优点。但塑料受光线影响耐热性差，热膨胀率大，易燃烧，尺寸稳定性差，容易变形；遇冷低温下还会变脆，又容易老化。

党章的制作是个长期任务，需求量巨大，但塑料套封不是出版社自己生产，加上常年的市场竞争，货源已高度集中在浙江苍南一地，价格、质量、时间都被卖方市场所把控。

党章是常备书，它的性质决不容许市场上出现断货，要不断地根据市场的需求来加印，所以塑料套封要常年备货。但备多了，放仓库里会老化变形成为废品；备少了，需要时又不够用。塑料膜封的厚度要求是13到14丝，但不少租型单位用的厚度却只达到11丝。一问，规定材料无货，无奈。有的还用的是再生的材料，韧性差，厚薄不匀，易变形。重要的是封套套装时上不了机器，实现不了机械化装订大生产，完全是人工作坊式一本一本地往里套，劳动力密集，用工成本高，塑料套封套装时，稍不注意就被扯破，损耗率大。

另外，党章内芯虽小，页码印张也不多，但麻雀虽小，五脏俱全。要锁线，要加硬纸，字数页码多的还要裱脊，否则无法套封。有的承印单位有时为了不耽误时间，内芯采取扎制，甚至直接用缝纫机扎订，使成品无法合上成了"河蚌"，所有这一切都与这个时代的要求严重不符。

我在主管出版工作期间，不断地接到各地分管租型工作的同志打来的电话，反映党章印制中出现的各种问题。很多书店系统的同志也反映，由于塑料封面的质量问题，柜台陈列的图书受天气、温度的影响，时间一长就发生外观翘变，严重影响党章的严肃性，也影响实际的销售。

四

2007 年，党的第十七次全国代表大会召开在即，我想这个现象不能再继续下去了。这是个好时机，机不可失。

改版是要冒风险的，几十年来红皮党章已成为一本公认的标志性政治出版产品，中国几千万党员几乎人手一册，影响之大，这也是这么多年来，没有人来提这个事的原因之一。作为一名入党多年的共产党员，也出于一种出版工作者的责任、良心，2006 年底在社领导班子商议 2007 年度工作计划的会议上，我终于把憋在肚里的话说了出来，提出应对"十七大"党章进行改版的想法，并详细介绍了我对租型单位、书店了解的反馈意见，认为党章改版问题这次必须解决。现在已经是21 世纪了，我们的党章外观还是"文革"的遗风，还在用非常落后的方式来进行生产制作；再说，塑料封套是不易降解的物质，与国家提倡的新型环保理念也不符。我认为出国的护照就做得很漂亮，大小也合适，建议新党章的开本应该参考护照来进行思考设计，装订改用骑马钉，不仅可加快装订速度，还节约成本。我的意见在社委会上得到一致认可，但社里无权做出改版的决定，需向人民出版社的上级主管单位国家新闻出版总署请示。为此社委会决定党章改版之事由我来牵头负责。

2007年3月，国家新闻出版总署图书司来社里做调研，会上我又郑重提出"十七大"党章的改版问题，希望能采用新工艺并改成64开本，所幸得到带队来的王英利副司长的高度重视，要求我们正式给总署打一报告。同时我与负责出版材料的同志商量，并得到主管出版的任超副社长的大力支持。

随后，我开始酝酿起草给总署图书司的报告，5月17日《关于停止出版〈中国共产党章程〉128开塑料封皮本的报告》（人社发〔2007〕

《关于停止出版〈中国共产党章程〉128开塑料封皮本的报告》

66 号），正式通过社办公室发出。

我找出保留至今的当年工作笔记本，里面清楚地记录下党章改版工作项目一天天的全过程。

随着时间的临近，8 月 9 日，我召开了有出版部和政治编辑室参加的"十七大"文件出版生产预备会。任超同志和我在会上介绍了会议的主题和我的想法，对"十七大"党章的改版问题听取大家的意见。大家一致表示同意改版。会议决定，由出版部起草一个改版说明函，发给有关重点省份的租型单位征求意见，还有新党章材料的选择，备货的市场预测，我们要认真听取各租型单位的意见，将因改版可能遇到的问题都提前解决，并做好成品防伪、防盗印的问题，具体由出版部同志来负责。

8 月 13 日，我同任超同志与出版部进行情况沟通，商量新党章如采用新开本的纸张材料问题。一旦确定使用后，全国各地就会集中采购，供应有无问题，特别是封面用纸？我再次提出装订要取消锁线，采用骑马钉，这样可以上机器，节约时间，加快速度。

8 月 23 日，同任超及出版部一起商量党章的制作材料及制作工艺问题。我打电话与广东人民出版社李穗成、黑龙江人民出版社柴力明、四川人民出版社丁青等几位负责租型工作的老同志联系，征询他们对新版本新材料的意见并要求他们了解当地承印厂的工艺问题。

这时装订成了改版的突出问题。8 月 24 日，据出版部反馈的信息说，他们与北京新华厂及承担我社任务的北京地区主要承印厂联系后，都说新党章设计使用 64 开本，尺寸太小，上不了联动机，解决不了骑马钉的问题；折页机也上不了，需要手工折页，太麻烦。听后，我心想，如果这样，改版就是失败。

我赶紧打电话给陕西人民出版社出版部的钟军同志询问装订的问题，他说他们那里没问题，只要联动线走两次就解决了；给山西人民出版社出版部的郑宝芳打电话，她说与工厂商量了，用 32 开的骑马钉装订线，钉好后再切；问李穗成，他说问了厂子，愿意调间距，问题都能解决；我又与柴力明联系，也说没问题，大家对改开本及装订工艺都表示坚决拥护。这样，我心里有底了，外地条件不如北京都能解决，北京没有理由不能解决。我让出版部的同志将外省市的意见和办法反馈给北京地区的各个印制单位，让他们有困难必须自己想办法克服。

"十七大"文件的出版，也牵动着人民出版社的上级主管单位国家新闻出版总署各位领导的心。8 月 31 日下午，我接通知去总署，邬书林副署长及有关司局领导集体听取人民出版社关于"十七大"文件出版工作的准备情况。邬书林要求人民社必须精心准备，他说党章改版总署定不了，不用向中央组织部报告，可以向中央办公厅（以下简称"中办"）直接报，以"中办"批复的意见为准。另外定在 9 月 24 日召开一次全国人民出版社的社长工作会议，动员布置"十七大"文件的出版租型工作。会后，我又立刻起草了给"中办"的党章改版函。

9 月 19 日我接到"中办"打来的电话，下午去位于中南海的中央办公厅所在地，听取"中办"领导对党章改版的意见，同行前往的还有社里负责出版印制的张京德和负责装帧材料的田福庆。接待我们的是"中办"的蒋建平处长，他说，看了人民出版社送来的报告后，领导很重视，经认真研究：1.封面颜色应鲜红、艳丽；2.党徽位置在书名上或下，样本的形式应多几个样；3.党徽能否起凸，国庆前要把样定下来。我说没问题，我们一定按领导的意见办，回去后用最快的速度重新做好样本送过来。党徽起凸可以做，但如增加复杂工序，出版党章作为政治任务，成品要在极短时间内大批量生产出来就会有问题，这次之所以提出党章改版，其中一个很重要的理由就是制作时间。蒋处长说，我们知道了，你们抓紧做样本送来。回来后我立即到署里向图书司司长吴尚之汇报了"中办"的意见，并商量 9 月 24 日全国人民出版社社长工作会议的议程，决定会议由图书司和人民社合办，地点就定在人民出版社。会议名称定为"全国人民出版社专项工作会议"，并邀请中宣部出版局，总署发行司、印刷司的领导参加。回社后我向社长黄书元汇报了"中办"与总署图书司的意见。

24 日上午，"全国人民出版社专项工作会议"在人民出版社四楼会议室召开，中宣部出版局副局长郭义强，总署图书司司长吴尚之，出版印刷司司长刘晓凯，发行司副司长谭文出席了会议并讲话。会议由图书司副司长马国仓主持，我社出版部主任张京德、发行部主任潘少平分别介绍了"十七大"文件租型工作的情况和要求，任超副社长作情况说明，我对党章的改版作了重要说明补充。

26日，中央办公厅杨雯打来电话，告知领导看了样本后意见是：1.确定以一号本（大红）的颜色；2.党徽应置于书名上方，比原高度上提约三分之一；3.党徽和书名间距再缩至适当比例；4.纸差一些，样书再选用好一点的纸。我立即通知出版部，重新做样本，再送样，做样本可用好点的纸，但大批书仍以原定计划。

28日上午，出版部将新做的党章样本两种，分别标上 A 和 B，表示是两种方案后即送"中办"。我给杨雯打电话，告知样本已送出，颜色为国旗红，书名与党徽的间距已根据上次反馈意见进行了调整。希望"中办"能尽快拿出意见。

因为牵涉到印制材料必须提前备货，不只是我们一家，全国各省区的印制单位都有一个备货的问题，材料全国统一，时间太集中，就容易出问题。马上又是国庆长假，我心里非常着急。耐心等待了一天后，9月30日，我打电话给"中办"杨雯，询问党章方案意见情况。她说："已初定 B 本，再看其他几部门领导意见，下午可告知。"

我等了一下午，没有得到结果。10月1日、2日依然没有电话。直到10月3日下午5时，电话铃声终于响起，杨雯来电话告知："A、B 两个方案，确定为 B 方案，不再文字通知，可以进行了。"我即时通知出版部张京德，并告知开本大小不再变了，以送审批准的样本为准，纸张规格 850×1168 的 64 开本，具体尺寸为 138×100，封面国旗红特种充皮纸。可以马上通知各地租型单位进行材料备货。

国庆长假结束后，11日下午召开出版部全体人员会议，为"十七大"的文件出版工作做最后的动员，我提出：1.要发扬人民出版社优良传统，敢打硬仗；2.确保质量，确保时间，争取做到无差错；3.妥善安排，做到紧张而不乱；4.有问题及时协调，后勤保障做到位。一切准备工作就绪，就等大会召开文件公布。

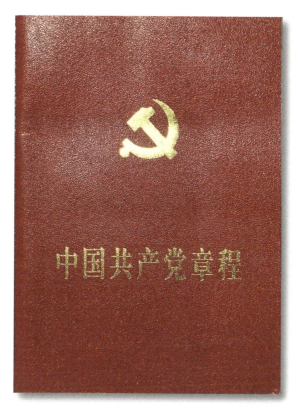

改版后的"十七大"《中国共产党章程》

2007年10月15日，中国共产党第十七次全国代表大会在北京开幕，全社人员立刻投入到紧张的编辑出版工作中。《中国共产党第十七次全国代表大会报告》《中国共产党第十七次全国代表大会报告辅导读本》《中国共产党第十七次全国代表大会文件汇编》都在按预定的方案同步进行。

大会的最后一天通过了《中国共产党章程（修正案）》，将科学发展观、中国特色社会主义道路和中国特色社会主义理论体系等马克思主义中国化的最新成果增入党章。

25日上午，国家新闻出版总署署长柳斌杰率领总署有关部门的负责同志亲临人民出版社，慰问看望奋战在生产第一线的全体成员以及来京参与党的十七大文件出版发行工作的全国各地人民出版社的同志，为进一步全力做好租型印制工作再作动员，勉励大家为党的宣传出版工作作贡献，并为即将返回的各地人民出版社同志壮行。

新党章出版后，一改四十多年的老"面孔"。面貌焕然一新、美观大方；封面材料环保并防盗版；整体制作工艺简单，能上机器进行大批量生产；携带方便，便于阅读，不怕水迹油渍，保持了原袖珍本的全部优点，受到各界人士的好评。全国首批印量就达到了 1100 万册，至 11 月 23 日，开印不到一个月，全国总印量达到了 1500 万册，这样的速度在以往历届党章印制过程中是不可想象的。

今年是中国共产党建立一百周年，也即将迎来人民出版社建社一百周年。在这样一个喜庆的日子里，回忆往事，看看走过的路，我想也是很有意义的一件事。

（本文作者为人民出版社原副社长）

白头想见江南

——记制作《淳化阁帖最善本》书箱及豪华本出版经过

王运天

2005年10月22日,周六。我像以往一样准时到上海博物馆上班,不一会儿,电话响了,陈克伦馆长从医院来电告知:"汪馆长病危,已通知各部门主任,只要能安排得出,尽量去广慈(瑞金)医院,送汪馆长最后一程,你若有时间亦可去。"汪馆长病况我虽早有思想准备,但发展如此之快,实始料不及。我到医院,首先见到汪夫人,陈克伦、单国霖、陆明华、周亚、周莉莉,还有好几位同事,大家默默地站在汪馆长病榻旁,无奈地注视着汪馆长,希望华佗再现。实际汪馆长已处弥留之际。

汪馆长于学业、工作方式、待人接物诸方面给我印象极深。因来送行的人越来越多,我退至走廊,悲情骤起,默诵"汪馆长",居然得一联:尊碑版陶瓷钱币,一生博物庆云永在;融真心善意美德,再论古今正气长歌。将"庆正"二字嵌入,只见学业、睿知,不见悲字。我想当时汪馆长若有知,亦不会怪罪。后在汪馆长追悼会上,我又献挽联一副:"多才多艺,德业垂后世;大慈大悲,手泽锡新编。庆正馆长前辈学人不朽晚学王运天敬挽。""多才"喻其精研碑版、陶瓷、钱币,公有"我的研究对钱币用功最多,治碑帖之学是第二,陶瓷研究算第三。不过和老一辈学者相比,我这些都是小儿科"(引自单霁翔、张柏、董保华、童明康《深切怀念汪庆正先生》);"多艺"指其领导艺术与无三疾之状;"手泽锡新编"指公有大文《〈淳化阁帖〉存世最善本考》与《淳化阁帖最善本》,尤喜《存世淳化阁帖过目一览表》,

此文就等于谱牒学中世系表，虽简单，但要读多少书，要做多少研究排比，方得以成表。

"柳叶鸣蜩绿暗，荷花落日红酣。三十六陂春水，白头想见江南。"王安石六言绝句，陈衍以为绝代销魂者也。

上海博物馆（以下简称"上博"）初创于1952年，首任馆长、大学者、版本目录学泰斗徐森玉先生，在条件艰苦、用人乏善的环境中，与诸同仁，力排万难，利用馆内学者，自己培养"上博"后之研究者，龙榆生教诗词，蒋大沂教青铜，沈剑知教书画，徐森老教碑版、钱币之学，等等。汪君庆正1949年2月入读东吴大学法学院修司法、会计直至毕业，是当时唯一入职"上博"之大学生，事会计。时徐森老年事已高，急需一位助手，众觅馆里数十职工，度法眼金针，看中刚入馆不久之青年汪君庆正作为助手（学术秘书）。汪君性本善，聪慧好学，善解人意，对森老则奉命唯谨，体贴有加，随之心心相印，形同父子，承继碑版、钱币之学。君刻苦自励，旁及陶瓷。曾为撰一篇有关帖学文章，半月后，居然"白了少年头"，传为美谈！由此汪君变汪公（馆内上下均此称呼），以镂而不舍、金石可镂之精神，沉浸在文博事业中，卓然成家，为中外文博界人士称道。

今岁是"上博"首任馆长大学者徐森玉诞辰140周年及其学生碑版、钱币、陶瓷研究专家汪副馆长庆正诞辰90周年纪念（全馆上下都以"汪馆长"尊之）。我生亦晚，不能详其往事。忆及在汪馆长领导下为《淳化阁帖最善本》定制书箱及印制《淳化阁帖最善本》豪华本的过程，时隔近廿年，其中细节我从未与人谈过，趁纪念汪馆长九十冥诞之际，分而述之，或许能增添上博史上一点资料，使后之来者更能缅怀先馆长汪公庆正对文博事业之敬业精神。

为《淳化阁帖》四卷本定制书箱

2003年我在上海博物馆书画研究部任副主任时，某日汪馆长突然召我去办公室长谈，方知上海博物馆拟以最快速度举办"淳化阁帖北宋祖刻本展"，理由是上海博物馆斥巨资从美国大收藏家安思远先生处购得《淳化阁帖》北宋祖刻四卷，该及时向上海人民汇报，举办特别展就是弘扬民族文化。此四卷本就是当年徐森老一直关注之四卷本，1996年秋天，安思远先生在北京做过展览，当时许多前辈专家学者都手摸细品，做了专门研究。文物出版社亦于是年全部拍摄留档，并一直在做印制试验。现文物已安抵"上博"，但《淳化阁帖》四卷本原装第六、第七、第八卷为一箱，木箱亦为清末民初后配，第四卷与前之装裱形式略异，外尺寸要略大，仅以报纸裹着。故汪馆长对我说："运天，要难为你了，我想来想去这事只有你去完成……"要求我想办法以上等木材，用高雅古朴之造型与工艺，要能配上与《阁帖》相同的地位，集四卷为一书箱，并一定要以最快速度、最高质量出版《淳化阁帖》北宋祖刻本。如果文物出版社先出，就等于我们买鞭炮给人家放。是时我压根都不知道文物出版社印制进展情况，又不详其印制方法，仅汪馆长一句话"他们已经印了好几年"，使我不由得倒吸一口气，也就是说，既然已经印了好几年，那他们出版指日可待。

时"上博"还无出版部，仅一出版小组而已，又是单列部门，手上都有任务在身，根本无法请他们配合。我知汪馆长之迫切心情，实在是没有办法才召我来商量。当时我提出，做书箱木材用红木档次太低，用紫檀太俗，黄花梨虽好，但与《淳化阁帖》气质不合，有"德不配位"之嫌，建议用金丝楠木，金丝楠木既高且雅，千年不腐。汪馆长笑了："就用金丝楠木。"大话既出，搞金丝楠木我虽有方向，但我与此君不熟，怎么办？我着实没底。再说印制《淳化阁帖》北宋祖刻本时间实在太紧，想想都后怕。我又对汪馆长说，我们馆里工作人员与北京文博界人士或多或少都有关系，万一消息捅出去，北京方面只要毫不费力地抓紧一下，即可出版。汪馆长善解我意："你只要抓紧时间出书，他们就是先出我也不会怪你！"我说："那好，我试试。但我必须从现在起停止手上一切工作，立即在馆里消失，也不要告诉任何人我在哪里。"汪说给国霖打一招呼，有事直接找他。这是一次非常有意义的决定，与时间拼速度的工作就此开始。所以制作书箱与印制《淳化阁帖最善本》我是亲历者，又是直接参与设计制作者与监制者，我也是在这一特殊时期与汪馆长接触最多的人之一，了解汪馆长于这一阶段学术研究将此四卷本由"北宋祖刻"考证为"最善本"，我是直接见证人。

关于《淳化阁帖》四卷本回购之经过及启功先生的鉴定意见，国家文物局外事处前处长王立梅女士在其撰《汪庆正馆长与〈淳化阁帖〉的回归》中阐述颇详，不容我赘述（见上海博物馆编《汪庆正纪念集》第160页）。前国家文物局局长张德勤在其《深厚的情感无尽的思念——纪念老友汪庆正同志》文中，将汪馆长这次研究考证的最大收获，即搞清楚了"国子监本"的真实面目，写得很翔实（详见上海博物馆编《汪庆正纪念集》第118页）。

上海博物馆购回的《淳化阁帖》四卷本于2003年4月12日抵北京，14日抵"上博"，到9月13日"淳化阁帖最善本展"开幕，一共将近150天，汪馆长在这么短时间内要完成他的考证论文，与我完成书箱制作和出版两个版本的《淳化阁帖最善本》，谈何容易！汪馆长给我布置任务之初，确实是想搞"淳化阁帖北宋祖刻本展"，出书当然就是《淳化阁帖北宋祖刻本》四卷本。随着他的研究深入，考据越来越翔实，我的编辑工作亦进行过半，某日他不耻下问与我商量："我们购回四卷《阁帖》，祖刻二字是在前人考证下的结论，现在我考证下来，祖刻《阁帖》以丰穰、精神见长，以这三卷（第七卷由于石损，有部分可能经过挖补而见碑底，亦有以他刻拼补除外）与传世各本相校，完全可以得见祖刻原貌。第四、七、八卷都钤有'艺文之印'半印，应属北宋早期的官府收藏印记，第八卷末有'中书省印''门下省印''尚书省印'的南宋前期的内府印记，证明这是南宋内府的藏本。这在传世各种《阁帖》本中是绝无仅有的。至于第六卷，有北宋人的题记，后来同样在南宋末为贾似道收藏，明末为孙承泽所集，人们亦属之于司空公本。但此本从其卷、版的编号看并非拓自祖本，应是一种北宋的翻刻本；经过仔细核对，后期泉州本的所有特征，均从此出。此本应是泉州本的北宋祖刻本。因此同样是传世的最善本。"故汪馆长认为，将这四卷本笼统称作"北宋祖本"，有欠公允，并不科学，特来征求我意见，将"北宋祖刻"改为

"最善本"是否妥。我不谙"黑老虎"（碑帖拓片难辨真伪，在收藏界俗称"黑老虎"），仅以一名书画研究者和一名编辑的身份，从逻辑上分析，汪馆长严谨的治学态度，无可非议，于是正式定名为《淳化阁帖最善本》与"淳化阁帖最善本展"，这就是源自初衷的升华。

某日我进库房，将四卷本《淳化阁帖》的各自长、宽、厚度，及单片厚度都做了记录，同时又细品拓本之墨色及历代收藏印、装裱用纸特点等，这是第一次触手感悟到国宝的魅力。晚上在家打电话给汪大刚、姚伟延二位好友，说明任务的重要性与紧迫性，匆忙组织"草台班"，请他们务必全力支持，第二天上午在徐家汇碰头议事。又给北京冯其庸先生去电话，说明"上博"委托我为《淳化阁帖》四卷本量身定做书箱，无论如何请老人家支持，给扬州小尹去电话，请他割爱一些金丝楠木给"上博"。冯先生一听此事，知是大事，说马上联系。十分钟后，冯来电，已搞定，并把小尹电话号码给我，让我直接与小尹联系。真是旗开得胜，预示着一个良好的开端，何其乐也！我知道小尹处金丝楠木是非同小可的，当年扬州西汉广陵王墓发掘，江苏省考古队在清理现场，将提取文物带回南京，剩下的黄肠题凑、棺木不要了，当地生产大队以立方计，卖给村里农家，小尹因此买了几十立方。要知道一根黄肠题凑约长 8 米，宽四五十厘米，高五六十厘米，要刨成这么统一规格的题凑，这棵金丝楠至少要长 1000 至 1500 年，甚至更长。再者西汉至今要四千年或者以上，木材本身就是文物，加上国宝《淳化阁帖》四卷本，岂不相得益彰！

翌日上午我与汪、姚二位见面，详谈一切，我要求同时分两步走，一先出书箱设计图纸，二拟定拍摄方案，买 4×5 柯达正片，落实与冠龙照相馆詹梦华同志联系同步冲洗片子事。

前已决定用金丝楠木做书箱，恰巧在此之前故宫搞了一个宫廷包装展览，我没去看，但有是展图录，内正有一明代书箱与一清代书箱。明书箱朴实，感觉结体大方，无圈足，有些矮胖；清书箱有点繁缛，但比例恰当。我将清代书箱圈足，按照明代书箱工艺移植过去，请姚伟延兄以 1∶1 设计图纸，并附结构图、喷绘，汪馆长见了连声说："大方！大方！"

汪大刚与姚伟延对木材有特别嗜好，对木材性能也特别了解。此时姚伟延出材料剖析图纸，请扬州小尹按图纸所标尺寸锯板。我记得每块板要求10毫米厚，但他做不到，成品厚度变成将近30毫米。汪大刚还要求小尹将锯成板之木料放平，板两头各置一砖，层层叠上，通风晾干，且每天要翻身，如此者一月。一月后我请馆里车队长糜静山兄驾驶面包车与我同去扬州，将金丝楠木板材直接拉到徐泾汪大刚细作工作室。汪又命工人，每天刨去板材正反各一层，继续边晾边刨。细木工作室特辟一区域模拟"上博"库房温湿度要求，在此制作，要求此箱入库后不能变形。另外我们要准备各抽屉内之硬缠及抽屉拉手，硬缠用今日湖州产真丝，太新，感觉不好！汪大刚建议用旧料。这时我只能请示汪馆长，汪亦无奈，旧料哪儿去搞？我说我与汪大刚去一次荣宝斋，他们库里有，就不知能割爱否？也可去潘家园，淘旧旗袍，将夹里取下，消毒洗净做硬缠，这样可去火气，效果会更好。汪一听，认为有道理，准予我们马上去北京。荣宝斋不能遂我愿，但在潘家园居然淘到清末民初旗袍，汪

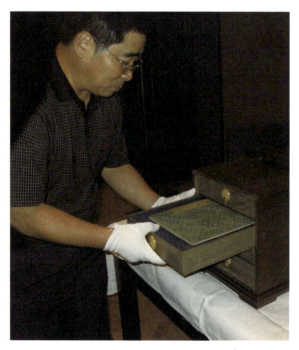

王运天将《淳化阁帖最善本》小心翼翼装入书箱

见此旗袍夹里，很是高兴。至于抽屉拉手，姚伟延出了图纸，他请位于松江地区一标牌公司制作，一共四个，用錾刻工艺，捶击而成，且另请高人做铜鎏金工艺。錾刻是唐时代制作金银器一种工艺，今用之《淳化阁帖》四卷本书箱，实在天助我也。

汪馆长见此图纸，高兴劲儿真无法形容。此书箱要求板材厚度3毫米，原来近30毫米之木板，硬是每天正反各刨一层，使每块板达到统一标准，并全部为榫卯结构，不用钉子，不用胶水。到"淳化阁帖最善本展"开幕式前三天，也就是回购《淳化阁帖最善本》新闻发布会前一天，我不放心，特去徐泾细作工作室看了他们已制作成的各类板材，因继续在晾干，他们不急于组装，但我着急，明天就需要了，请大师傅演示组装给我看，只见他们手戴细纱白手套，工作台上铺着干净的毛毯，小心翼翼将卯榫对准，轻轻用手拍几下，居然严丝密缝，这是我第一次见到如此高超的细作技艺，兴奋之情无以言表。我对大师傅们说："你们继续工作，我明晨7点来提取书箱。"次日我大概8点左右到馆，恰前一辆汪馆长车下地下一层，我们紧随其后，此时汪馆长身体矫健，一开车门就往办公室快速走去，我打开车门，快跑几步喊住汪馆长："书箱到了。"他转身就走近我装书箱的车，书箱还包着下部，仅露出书箱顶部，他兴奋地急于用手去摸，我一下子拉住他手说："不能摸，一摸一个手印，必须戴手套。"他大笑曰："运天，我就是要这感觉，今天发布会，你来管住这书箱！"我把书箱抱到汪馆长办公室，全部打开，递上细纱白手套，只见他轻轻抚摸，如鹊绕巢；细细品味，似儿久离，重回母舍。"葡萄美酒夜光杯"，汪馆长"醉"了。这美妙的感觉、美妙的享受在汪馆长脸上足以得到印证，公之微笑，眼睛都眯成一条缝。汪馆长满意了，我们的辛苦，值了！

印制《淳化阁帖最善本》豪华本

前国家文物局局长张德勤《深厚的情感无尽的思念——纪念老友汪庆正同志》有这样描述：

2003 年 8 月 25 日，我到上海博物馆去看刚从美国重金购回的《淳化阁帖》。

晚饭前，我和陈燮君同志一起走进庆正的办公室，啊哟！各种古籍和帖学资料，各种版本的《阁帖》，堆放在他的办公桌上，摆满了室内的地毯上，几乎没有下脚的地方。原来，他正对新收藏的四卷《阁帖》做最详细的考证，写作《〈淳化阁帖〉存世最善本考》的皇皇论文。白天，他要处理馆务，批阅文件，应酬各方；晚上，加班加点，查阅资料，埋头写作。他见到我，连忙离案，紧紧握手，解释说："我已经多年没有和碑帖打交道了，现在不得不重操旧业，把《阁帖》考证清楚，否则无法向历史交账！"

上海市委、市政府特批 450 万美元购回《淳化阁帖》，影响远远超过文博界，震动上海，也震动了全国。震动越大，责任越大。上海市民，文博部门，社会各界，都会习惯性地提问：这四卷《阁帖》是存世最善本吗？属稀世珍宝吗？值得出如许重金购回吗？

《淳化阁帖》是我国古代一部书道大全，宋太宗淳化年间汇刻于内府。它出现以后，仅宋代的翻刻本就有三十种以上，元、明、清的各种再翻刻本不计其数。现存于世、号称"祖刻本""北宋刻拓本"的《阁帖》还有十余种，分别收藏于美国弗利尔美术馆、上海图书馆、故宫博物院、日本书道博物馆、台北故宫博物院和上海博物馆（旧藏）。不把历代流传的版本和现存的《阁帖》考证与梳理清楚，是无法对新收藏的四卷《阁帖》给予准确定位的。责无旁贷，庆正担起了"重操旧业"的重任。

庆正年轻时，跟随帖学权威徐森玉先生当学术秘书，对学问艰深的"黑老虎"已有较深研究，并深得徐先生心传。他对流传到美国的这几卷《阁帖》的追寻，也和徐森玉先生的嘱托有关。

因为时间实在太紧张，从拍摄、编辑到印前、印中、后道制作，整个过程已不允许多请示、再商量。唯一要求一定要保密保密再保密，质量提高提高再提高。所以整个过程就像在搞地下工作，能不借助馆内人员就坚决不用，汪馆长深深明白我用意，积极协调，大开绿灯。我提议先拍摄《淳化阁帖》四卷本，由我来组织摄影团队（非馆里的）。下班后，我带队来馆，需保卫部帮助打开摄影间门，书画库房工作人员提取文物到摄影间，随我们拍摄，直到完成。汪馆长全部答应。

拍摄由汪大刚、姚伟延领衔，他们事先已与冠龙詹梦华取得联系，要求冠龙务必做到下班后立即翻缸，清洁缸体，注入新鲜药水，配比到位，测试到标准试条，工作时注意补液比例。另置一位专门送片者，坐在"上博"通道口，负责骑自行车送片至冠龙，马上冲洗，并反馈冲洗片子后之质量情况。我记得第一张片子拍好送冠龙，那头冲洗后，詹梦华即来电，需再加半挡光圈。这里加了半档，又送过去，一会儿詹梦华又来电，最好再加半档不到一点光圈，第三张送过去，恰到好处。但主摄汪大刚还是不放心，以十张为一摄程，送过去冲洗，没问题再接下去拍摄。这样边拍摄边冲洗，一直干到凌晨三点多，詹梦华来电，最后一张没问题。大家都乐了，收工！然后马上将摄影间里所有摆设复原到我们进入时的场景。上午八点半，我将所有冲洗好片子送到汪馆长处，公又乐了。

编辑《淳化阁帖最善本》豪华本的各项工作紧锣密鼓地进行之中，我请上海书画出版社的责任编辑茅子良及我馆陶喻之先生帮助汇校，请他们或到徐家汇公牛广告公司，或到界龙艺术印刷公司威海路办事处及位于川周公路的公司总部与我现场办公，现场校对，几乎每天工作到深夜或凌晨（界龙吴江明先生保证我们用车），他们不仅没喊累，还以此为乐，我敬佩不已。当时汪馆长还专门到威海路办事处找过我几次，关注我工作进展。我问及其论文是否写好？多少字？因我此时遍找印刷正文用纸，唯平和纸业顾越敏先生根据我的要求给了消息，他处有日本来跑路（译名）纸，规格 788×1091，209 克，厚度 0.27 毫米（与原本四卷单帖厚度相差无几），纸张密度、强度、表面强度、平滑度等技术指标均与我心里暗合，但上海库存仅 10 万张纸，实际可使用纸张 84 000 张，还必须备一点，万一印的效果不理想，需要补印用纸，届时如再从国外进口肯定时间赶不上，且有色差。算下来能印 1 000 套书，但

汪庆正（左三）在印刷机看样台上看样

前面文字一定要控制，时汪馆长已成文字 29 000，我吓了一跳，因文字中还要加大量图版，只能减少印数，但减少印数就面临成本更高，账面上很不好看。我的顾虑，汪馆长心知肚明，马上说"我删"，但另二位我就不好说了。我到今天还是很后悔，最后汪馆长仅给我 9 000 字，竟然删去 20 000 字，且原稿已不知去向，这 20 000 字是纯学术性的，是有价值的。每每忆及此，我总有莫大愧疚，有负汪馆长！有负汪馆长！

印前调色是非常关键的，为了把握好色彩还原度，为了追求毫厘之间的色饱和，我向汪馆长提出，能否让库藏四卷本《淳化阁帖》出馆，去界龙艺术印前，在标准光源的电脑前做最后校色，汪想了一下说："你根据高质量的印刷要求，打一报告，我与陈馆长商量。"不料这一请求，正副馆长、党委正副书记们都签字同意，还嘱保卫部派两位同志一路护送到印刷公司，公司也圈起一区域，不准外人进入。这次校色，虽在毫厘之间，但文物出版社绝无此待遇，质量上超过他们，我信心满满。

此次出版的《淳化阁帖最善本》一是豪华本，一是普及本。豪华本要求尺寸一致，纸张厚度、油墨亮度乃接近真本，要尽量原汁原味地体现真本魅力。这就非常难了，真本是册页装，而第四卷册页封面是在裱边镶红木框。界龙艺术从未做过此类拼版方式，我必须向他们解释清楚，册页是如何装裱的，如何用丝网连接，直到他们理解。我们在打样时总觉得油墨有些过亮，有违原本，日本、美国、德国油墨都试了，效果均不理想，也无时间给我们没完没了做试验。忽然想到董其昌论碑帖有一句话，北宋拓本淡墨薄纸，薄纸好理解指连史纸，淡墨莫非就是与油烟相反之松烟。油烟以前又称漆烟、超漆烟、五石顶烟，很有精神，于浓墨处见灵动，类似今之大日本精化油墨、美国大豆油墨；松烟色淡，无烟火气，更无聚光特点，尤于淡墨处可见层次，此感觉有雅意，与真本接近，乃向该公司提出，能否与上海油墨厂联系，定向特制油墨。界龙艺术总经理龚忠德、副总沈光华也是艺术出身搞技术的骨干，马上与上海油墨厂联系，沈总一头扎进油墨厂，经过两次改变配方，终获成功。

界龙艺术蔡志荣（右）、王韬（左）在对照《淳化阁帖》真迹校色

豪华本《北宋祖刻淳化阁帖最善本》开印仪式（2003 年 7 月 28 日）

这可能是印刷史上一个活生生的精益求精的例子。

正式开印时，我与界龙艺术搞了一个简单的开印仪式，把汪馆长、单国霖老师，还有原香港中华商务"三剑客"之一的杨晓慰先生、上海书画出版社茅子良先生请来了。

才印没几天，汪馆长来电："运天，北京文物出版社社长苏士澍来了，他带来他们印制的四卷本《淳化阁帖》打样，不知你现在有时间吗？最好能过来一次，比较一下我们两家，谁印得好。"我确实很想亲眼看看文物出版社的打样，知己知彼太重要了。我说可以，但看后必须马上送我回界龙。

我卷上几张已印好的第四卷样张，匆匆赶到汪馆长办公室，文物社的打样平放在地板上，是印在宣纸上，色彩还原肯定有缺陷。我将界龙艺术印的样张也平放在一起，高下自显。与苏社长寒暄几句即告辞回界龙。

印宣纸的速度与海德堡速度不可同日而语，但装订还面临着一道道难关。第四卷封面四周有红木镶条，要凸出正常版面约0.4毫米，该公司技术部同志群策群力，用逆向思维方法，想到将荷兰灰版留出四周该留的尺寸，中间大面积部分用铣床铣去，不就达到效果了吗，而铣床南汇大团就有，问题迎刃而解。到装订成册又惊现意想不到事，册页连好，天头地脚一切，纸芯触目，很不舒服，怎么解决？立刻想到做旧，又与汪馆长去电，要求派一位有经验的同事来界龙指导做旧，汪指示人工复制部沈亚洲先生马上赶到界龙，其利用捆扎工艺试做旧，马到成功，效果出乎意料之好。

《淳化阁帖最善本》豪华本函套

印好的《淳化阁帖最善本》豪华本四卷，怎么装入一函，实在无时间容我静静细想，我是在边印、边设计、边找感觉，有违常规。姚伟延兄助我将形式设计完成，我再根据形式配料。首先需要两个骨签，我去库房借了一个旧骨签，根据此样一正一反加工并做旧。此外函套内需重磅真丝，我去真丝大王看面料，有中意的，价格甚昂，要262元一米，我询问了如果一次性买多能打多少折，他们回我话，一听就吓坏，此价格我绝对接受不了。再仔细看标牌，上面写着产地"湖州"，部颁标准是22姆米。既然商店能去产地采购，我为什么不能直接去产地采购。想起中学时有一同学在湖州插队，现定居在那儿，我马上去电话打听，知道湖州有丝绸城，只要丝绸方面的都很便宜，如果没有，也可加工。我马上与汪馆长商量，我要去湖州，汪立即同意。到了湖州，同学直接陪我先去生产丝绸的工厂，询问下来，我需要的量对零售商来说很大，对安排生产来说太少，价格虽便宜，但还没到我心理价位。又去丝绸城，这里货真多，且价是真丝大王的四分之一不到，我找了一家，同样部颁标准，谈到近60元一米，我又去电话向汪馆长征求意见，汪同意，我即表示有购货意向，请店主将货配齐，我过两天带支票来提货。时正8月，酷暑难熬，我们车内空调基本不起作用，但熬过来了。

《淳化阁帖最善本》函套及书影

此时还缺大规格有强度环衬纸，几家纸张供应商处都没有，我只能去福州路各纸店碰运气，在竹尾纸业见到一款纸，有此规格，亦有强度，但价不便宜，且东洋味太足，不合适，我否定了。想我国传统纸，宣纸强度不及皮纸，我何不采用皮纸。再去纸店看皮纸，一筒10米，要13元，忽然看到温州皮纸厂电话，回馆后即与皮纸厂联系，价格真便宜，我订了5 000米，次日即可到货，我拿到这批纸马上送枫泾，四层对拓，强度比任何环衬纸还要强且雅，成本亦大大降低。困难之事一件又一件解决了。最后函套上用什么材料做签条，汪大刚兄想到用银杏树老料，剖成1.5毫米厚板材（殊不知要将整料剖成1.5毫米厚的板材，是极不容易的活儿），还要打磨，且许多签条木板上都有细小钉眼，必须剔除，真是优中选优，最后用雕刻机刻字。当年在田林东路漕溪路口有一公司可加工，但无法按时交货，界龙龚总决定买一台，自己干。我遵汪馆长意，集赵孟頫字"淳化阁帖最善本"七字。《淳化阁帖最善本》豪华本就这么诞生了，连同 5 000 册普及本成了"淳化阁帖最善本展"上抢手书。当年在新加坡，《淳化阁帖最善本》豪华本评上亚洲印刷金奖。后来连战、宋楚瑜访沪，上海市委、市政府又将是书作为市政府礼品先后分赠连、宋二位。汪馆长真的高兴了！

仅以此小文献给汪庆正馆长诞辰九十周年纪念。

（本文作者为上海博物馆原出版摄影部主任）

制书有痕：西文古籍上的身份印鉴

齐世峰

西方书籍经历了漫长的发展，从泥版文献、手抄本、摇篮本（incunabula）到现代意义的出版，书籍材质、外观、制作等都有着繁复的衍变。不同历史阶段的书籍生产制作烙印着时代征象，参与不同环节的人员也都留有不同程度、不同形式的痕迹，共同影响造就了书籍形式和审美的不断演化。

水印：造纸商的商标

在西欧，纸的生产是在13—14世纪扩展开来的。为了和其他纸商区分开来，每一个纸商都有自己的商标，也就是水印。每个大区的水印都是不同的，随着时间的变化，同一个纸商的水印也会有变化。水印可以根据自己的喜好，做成各种形状。最古老的形状有牛头、小皇冠、壶、圆圈、手杖、三角形和字母；在之后的几个世纪，出现了更加细致的形状。①

西方风格的水印首先在1282年的意大利出现制作。造纸时，将细金属线图案绑在抄纸帘的网面上。这样，纸张抄出时，覆以细金属线区域的纸浆会比其他区域单薄。在纸张压榨水分、晾干后，水印图案仰光透视时即可看见。19世纪早期的西方机器造纸，用水印辊压印水印图案。水印辊先是覆以编织或平铺的质地不平的网状物，后来饰以凸起的金属图案。在19世纪中期的英国，基于仰光透视时纸面的色调范围，发明了"明暗水印"（light and shade watermarks 或 chiaroscuro watermarks）。除了图案精美、具有艺术性，明暗水印还难以复制，后来用以纸币防伪。②

　　这些手工的金属线标印稍微变化，就会制出不同的水印。通过水印形状、大小、位置、与抄纸帘表面的触点以及与帘纹的排列，便可辨识出这些象征纸的起源、大小或质量的水印。16—17 世纪的水印，用以固接金属水印模的金属线很粗，纸张上触点处是沿着轮廓非常明显的白点。18 世纪时，固接金属线变得精细很多，触点也小得几乎难以察觉。③

　　制作水印的方法有很多种：1. 金属线可以制作线性或是书写式水印。

1540 年德语版《植物学》（*Botanicon*）书页上的水印
清晰可见，水印图像为牛头，牛的头顶还有一枝花

英国皮列家族（Alexander Pirie & Sons）造纸公司 1926
年制造的纸，水印图像为神话人物不列颠尼亚（Britannia）

2. 明暗水印，先是用蜡制作浅浮雕，然后覆以石墨粉，电镀后即可得到
凸模和凹模；金属丝布退火塞在两块模具之间，然后将其固绑在正常抄
纸帘上；抄纸时，纸浆最厚重处集中在浮雕的最低区域，最单薄处集中
在抄纸帘最高区域，前者在成品纸上呈现最暗，后者则最亮。3. 胶条、
黑胶唱片、印相纸等很多黏性材料也可用以制作水印。4. 使用小口挤压
瓶的布彩或发泡彩胶在织网材料上也可快速划出水印图案。5. 丝网版画
复制制作水印。6. 参考"落水纸"的制作方法制作水印。④ 7. 化学水印
纸技术，1959 年由美国威斯康星州阿普尔顿的福克斯河造纸公司子公
司的 Frans V.E.Vaurio 最先取得专利。⑤

从书末题署到书名页：版本信息的载体演化

现代印刷的西文书，包含书名、作者姓名等出版信息的书名页在正文前独立成页，不过书名页并非自古有之。⑥ 从早期的"书末题署"（colophon）到最终的书名页，西文书籍版本信息的载体经历了不同阶段的演化。

抄本时代的书目信息是以"书末题署"的形式呈现，缮写员（抄写员）在文末无不骄傲地署写书名、缮写员名字、抄写日期和地点、对资助人或主顾的祝福、对未授权抄袭者的绝罚威胁（threats of excommunication）等。较短的书末题署仅有缮写员名字和日期。已知最早的写本书末题署出现于公元827年提比利亚写本《先知之书》（the Book of the Prophets）。⑦ 最早的印刷版的书末题署出现在印刷商弗斯特和舒费尔（Fust and Schöffer）印刷的《圣咏集》（Psalter）上。早期印刷版的书末题署沿袭了抄本传统，有时包含印刷开始和（或）结束日期、勘误致歉、版数和发行保护管控者的信息。据统计，摇篮本时期，三分之二的书籍包含书末题署或书名页。⑧

从书末题署到书末题署与书名页共存，再到书名页替代书末题署，是随着社会文化发展和需要渐进的过程。这种转化至少有两方面的因素促成：1. 印刷本书籍是商品，包括书名在内的辨识信息不失为便捷的商品广告手段。这些信息在逻辑上看，也应该是放在文本之前。交易量相对少得多的抄本书并不太需要这种明确的标识。⑨ 2. 抄本完成装帧后，会被成捆包装送到书商处，结果首页要么脏污得无法阅读，要么会被撕去。为了防止这种情况出现，印刷商索性置入一张空白页，这么操作虽然保护了书芯，但也不方便分辨书籍。为此，印刷师创制了简略标题，用以辨识内部的书籍文本。不久，将书籍所有相关辨识信息都放在了前页，越来越受推崇，取代了书末题署。此时，又植入了几近空白页来保护书名页。随着商业装帧越来越发达，原来的传统被遗忘，书名页终于成为书籍的传统组成部分。⑩

16世纪时，书末题署和书名页常常同时存在，书末题署上的内容也仅是在复述书名页。有时候意外，文本最后一页没有了印上书末题署的空间，书末题署不得不独占一页。为了调适书末题署独占一页留白过多，印刷师往往会用专门的"展示字模"（display types）来放大字体，即所谓的"展示书名"（display titles），有的还会用"版标"等，用以调整页面布局。

在文本页以前附有"书名页"的，已知最早的是 1463 年德国美因茨的印刷商彼得·舒费尔（Peter Schöffer）出品的《十字军围攻土耳其》（*Bulla Cruciatae contra Turcos*），不过这个"书名页"上并没有日期。其他出版信息还是在文末的书末题署上。1470 年，德国科隆的印刷商

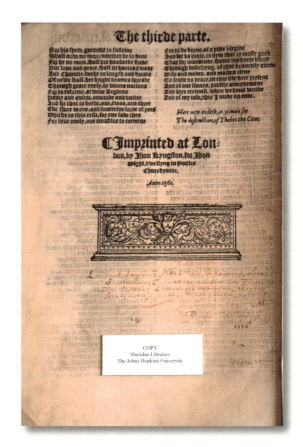

1561 年版《都铎和斯图亚特王朝》（*Tudor and Stuart Club*）的书末题署

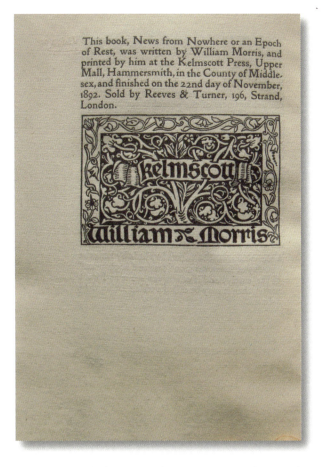

This book, News from Nowhere or an Epoch of Rest, was written by William Morris, and printed by him at the Kelmscott Press, Upper Mall, Hammersmith, in the County of Middlesex, and finished on the 22nd day of November, 1892. Sold by Reeves & Turner, 196, Strand, London.

19世纪凯尔姆斯科特出版社（Kelmscott Press）的书末题署

阿诺德·特·奥尔内（Arnold ter Hoernen）在"书名页"印上了日期，书名用的字体与书中一致，而不是专门的"展示字模"。最早最完整的"书名页"为埃哈德·莱德多特（Erhard Ratdolt）1476年在威尼斯印制的日历（Calendarium）。16世纪初，书名页已然被接受，其后印制的书中会因缺少了书名页而非多了书名页被质询。现存摇篮本书名页上的日期很多也会比印刷日期要晚些。书末题署不再被使用。[11]

19世纪，私人出版运动重拾书末题署传统，详细阐释印刷所用纸张、风格和其他相关工艺，是向早期的印刷、装帧等西方传统手工艺致敬。

版标：防盗版的商标

版标（printers' device），也有称印刷纹章、书标、社标、印刷印鉴，甚至简单译为商标，最初就是用来防止盗版的。版标的使用可溯至 15 世纪，当时的印刷商同时还是其印刷书籍的出版商。早期的版标稍加改动便会由一个印刷商传递给另一个使用。王权宝球（orb）和十字架是 15 世纪一些版标的基本组成。已知最早的版标是印刷商弗斯特和舒费尔的双重护盾版标，印制在其 1462 年版的《拉丁圣经》（*Biblia Latina*）上。[12]

即使仿制得再好的复制品，或者更准确地说是盗版书，过去一度也是可以通过版标轻易识别出的。这种版权的自我保护在当时是必要的：该特权是由国王、王子和教宗授予的，取得授权不仅步骤烦琐而且耗费很多时间和金钱；此外，当时的盗版书基本都印刷低劣或者文本讹误、删减、残缺严重，对于印刷师名声会造成极大的损害。[13]

1539 年，法国国王弗朗索瓦一世颁布法令，禁止印刷商和书商使用其他印刷商原创版标。随着印刷与发行独立开来，出版商承袭保留版标的使用。1700 年以后，版标的使用变得较为少见，不过在 19 世纪末期又有出版商和印刷商重新使用。[14]

早期的版标都很简洁，比如"弗斯特和舒费尔""奥尔德斯之锚"（the anchor of Aldus）等，都是基础的设计，它们也有很多变体。后来的版标变得越来越复杂，进一步开始用装饰性边框来美化润饰。尤其在法国，版标发展最为迅速，并最广泛地将版标放置在书的前侧。

"印刷纹章是一种能体现印刷商审美情趣、维护印刷商权益的有代表意义的图案设计。起初，印刷纹章大多印在一书书后的书末题署处，后来随着书名页的出现，印刷纹章或印在书名页上、或印在半书名页上、或印在目录与正文之间的分隔页上。"[15] 至今仍被视为上乘的奥尔德斯（Aldus）、斯蒂芬斯（Stephens）、弗洛本（Froben）、普兰丁（Plantin）等印刷商，从不会将书名页上的版标设置得过大，以免弱化书名。不过很多印刷商都将书名页作为昭示宣传其企业的"广告牌"。

DEVICE

Fust and Schöffer

Nicolaus Jenson, succs

Aldus Manutius

Johann Froben

Lucantonio Giunta

Erhard Ratdolt

Christopher Plantin

William Caxton

Bernhard C. Breitkopf

一些知名的版标

版标在 17 世纪不再流行，于是书名页又有了空白区需要填补，索性又引入了过去的木刻画来填补。可是这些仅作填空装饰的版画往往与书籍的文本内容并不相关。现代所见这一时期或后期的书籍书名页上，有小篮花饰、展开的书卷、灯饰等装饰图案，都是这种操作的直接派生物。[16]

中国出版社在图书上印社标，大约始于 20 世纪初，抗日战争爆发前已相当普遍。甚至名不见经传的小出版社，也有设计精巧的社标。[17]

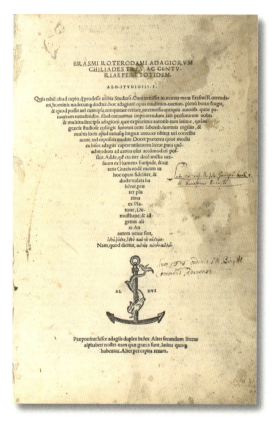

带有"奥尔德斯之锚"的书名页

装帧师印鉴：装帧师票、装帧师烫铃

装帧师票（binders' tickets），是印刷或刻印着装帧师名称的小片儿纸质标签，通常贴在前环衬或后环衬的顶部或底部。这是 18 世纪初英国和法国的装帧师署名的一种方式，至今仍有使用。[18] 尽管这个纸片儿看上去非常直白，但却是了解装帧师世界的窗口，是帮助揭开装帧历史的工具。

装帧师烫铃（palleted），装帧师署名的另一种方式，通常是使用烫金字在封面内侧底部封皮皮革卷边处或书脊底部烫铃。烫金印模或者字母会烫铃出完整的名称，比如"Bound by Sangorski & Sutcliffe, London"（由伦敦的桑高斯基 & 苏克里夫工坊装帧）。[19] 除了烫金铃印，也有见用墨钤印。钤印全名之外，还有以首字母缩写钤印署名。

具有装帧师票或装帧师钤印的装帧作品，可以称为署名装帧（signed bindings）。已知最早使用烫金钤印署名的是17世纪中期法国装帧师Badier（巴迪耶）。18世纪晚期以后，装帧师就广泛使用烫金钤印字母进行署名了。⑳

在书脊底部烫金钤印的署名方式出现在19世纪初期法国书籍上。

一般而言，两种装帧的书籍会带有装帧师票：较早期的是由小型装帧工坊或个人装帧师为私人装帧的作品；较晚期的是批量制作、用以在书店销售的布面装帧书籍，也被称为量产装帧（edition bindings）。装帧师票通常是纸质的，或白色或色纸，也有一些是皮质的。已知最早的装帧师票出自大概1610年伦敦的装帧师约翰·布朗（John Browne），尺寸为3英寸×3.5英寸。该票还有一个独特之处，它除了记载了装帧师的姓名、地址，还记载了该书主人的姓名和地址，"该书由栖身于小不列颠的伦敦市民、文具商约翰·布朗，为伦敦中殿会馆（the Middle

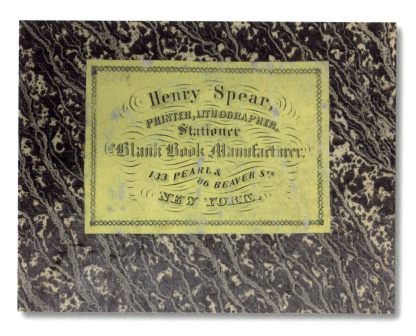

装帧师票

Temple）的威廉·里奇（William Rich）装帧"。19 世纪时，通过装帧师票对装帧作品署名的装帧师快速增长。大多数装帧师票出自 19 世纪上半叶，在这个时期量产装帧开始出现。[21]

除了这两种署名装帧，有的装帧师还会在账单中对其作品进行详尽描述，比如英国 18 世纪著名装帧师罗杰·佩恩（Roger Payne）。佩恩的装帧账单有很多存世，通过它们可以辨识装帧师的身份。佩恩会在账单中详尽阐释所采用的装帧装饰元素和意义，指出其作品的品质和价值等。[22]

装帧师钤印

书商票：书商的植入广告

书商票（booksellers' labels），也有译"书商标签"。过去的书商，无论是卖新书或是旧书，常会在他们出售的书籍里贴上他们定制印刷的标签。这种标签通常很小，很少有大于邮票尺寸的，习惯贴在不起眼的位置，最典型的就是贴在环衬底部靠近书脊的书角位置。不过这种标签并非所有书商的常规操作。[23] 书商在书籍里贴附这种书商票，既可作为书店的广告之用，也可用来在客人买书时核检库存。现在制作使用书商票的书店非常少了。书商票可以用以追溯书店的历史信息。书商票还可展示书店业的地理动向和广告方式，甚至还可以看出印刷方式时代的变迁。[24]

　　书商票多由书店名称、书店地址、店徽等元素构成；书店位置有的比较详尽，有的只是大概，有的甚至没有地址信息；有的书商票上只是文字，没有图画元素。

　　在欧美国家，有专门针对装帧师票、书商票、印刷师票的主题收藏，它们统称为"书业商标"（book trade lables）。有的收藏者会把这些商票从书中取下，收藏保存在专门的贴票册上。这样尽管便于收藏保存，但是割断了它们与相关书籍的直接联系，如果没有做好相关记录，它们的历史文本价值就大大降低，难以通过它们追溯书籍制作中的相关信息，沦为纯粹的小众专门收藏品。

苏格兰地区的书商票

爱尔兰的书商票

藏书票：书籍持有者的标识

　　相较上文中提及的几种书籍相关印鉴，藏书票在国内早就不是新鲜词。自一百多年前有国人开始制作或使用，关于藏书票的制作或研究就似乎没有停滞。藏书票和藏书印都因藏书而生，前者缩现了西方的历史文脉和人文情愫，后者则印证了中国文化的特质与精神内核。[25]

　　藏书票起源于 15 世纪的欧洲。随着书籍印装技术的日益发达和图书馆、私人藏书的出现，表明书籍主人的记号问世了。图书主人们常常喜欢把自己的记号、家族的记号印在书上，还喜欢在书上印一些人所共赏的图案，如盾牌、花纹、家族徽章乃至组合文字。他们还把几种图案融和一体，雕制成版，印在小纸片上，贴在书的封面里页。这就是最初的藏书票。[26] 到了 19 世纪下半叶，欧洲的知识分子几乎都拥有自己动手或请人设计制作的藏书票。[27] 当然，国内熟稔的"签名本""签赠本"上的题记更是可以直接了解书籍的流转情况。

关于西文古籍中的身份印鉴，藏书票在国内早已为人熟知和使用，书名页也已习以为常，水印、版标、书末题署也受到一定的关注，不过关于装帧师票、装帧师钤印、书商票却鲜有关注。尽管它们形态、历史发展有着各自的轨迹，不过作为西文古书的有机组成部分，它们并不是割裂的。只有全面地理解和审视这些印鉴，才能更好地认识西方书籍的衍变，全面系统鉴识西文古书的历史文化价值。

（本文作者为国家图书馆古籍馆馆员）

注：

① 〔意〕劳伦斯沙拉蒙、玛塔·阿尔法雷斯·冈萨雷斯著，杨韵涵译：《版画鉴赏方法》，北京美术摄影出版社 2016 年版，第 248 页。

② Lemb，*Elspeth.Papermaking for Printmakers*〔M〕.London: A&C Black，2006: 72.

③ Nicholson，Kitty.Making Watermarks Meaningful: significant details in recording and identifying watermarks［R］. Wisconsin : Book and Paper specialty group session , AIC 10th Annual Meeting, May 26–30,1982.

④ Lemb，Elspeth.Papermaking for Printmakers［M］.London: A&C Black, 2006:74–76.

⑤ Watkins，Stephanie.Chemical Watermaking of Paper［J］. Journal of the American Institute for Conservation,1990, 29（2）:117.

⑥ 李晓菲:《西文图书"书名页"的先驱——"书末题署"》,《图书馆杂志》, 1998 年第 3 期，第 69 页。

⑦ Glaister，Geoffrey Ashall.Encyclopedia of the Book［M］.New Castle: Oak Knoll Press, 1996:103.

⑧ McMurtrie,Douglas C..The Book:the Story of Printing and Bookmaking［M］. New York:Oxford University Press,1957:304.

⑨ Jennett,Sean.The Making of Books［M］.London:Faber and Faber,1951:322.

⑩ Jennett,Sean.The Making of Books［M］.London:Faber and Faber,1951:48.

⑪ Cole,Garold.The Historical Development of the Title Page［J］.The Journal of Library History,1971（6）:305–307.

⑫ Glaister,Geoffrey Ashall. Encyclopedia of the Book ［M］.New Castle: Oak Knoll Press. 1996:136.

⑬ Roberts, William. Printers'Marks：A Chapter in the History of Typography[M]. London: Chiswick Press, 1893:2.

⑭ Glaister,Geoffrey Ashall.Encyclopedia of the Book［M］.New Castle: Oak Knoll Press, 1996:136.

⑮ 李晓菲:《西文善本中的印刷纹章与版权意识》,《图书馆杂志》2004 年 第 7 期，第 71 页。

⑯ Gilchrist,Donald Bean.Title Pages:A Footnote to the History of Printing ［J］.University of Rochester Library Bulletin,1947（3）:p4.

⑰ 薛冰:《书事: 近现代版本杂谈》,天津人民出版社 2020 年版第 363 页。

⑱ Glaister,Geoffrey Ashall.Encyclopedia of the Book［M］.New Castle: Oak Knoll Press ,1996:476.

⑲ Glaister,Geoffrey Ashall. Encyclopedia of the Book［M］.New Castle: Oak Knoll Press ,1996:358.

⑳ Glaister,Geoffrey Ashall.Encyclopedia of the Book［M］.New Castle: Oak Knoll Press ,1996:446.

㉑ Mitchell,William Smith. Bookbinders' Tickets［J］.The Durham University Journal ,December 1953，15（1）:1−2.

㉒ Gertz,Stephen J.. A royal（Roger）Payne in the binding［EB/OL］.［September 15 2011］.http://www.booktryst.com/2011/09/royal−roger−payne−in−binding.html（2020 年 10 月 11 日检索）.

㉓ Garlock,Gayle. Canadian Binders' Tickets and Booksellers' Lables［EB/OL］. https://www.oakknoll.com/pages/books/108702/gayle−garlock/canadian−binders−tickets−and−booksellers−labels(2020 年 10 月 11 日检索).

㉔ Milevski, Robert.Book Review［J］.Papers of the Bibliographical Society of America, 2017 111（3）:1.

㉕ 李晓源：《方寸之间，东西之别：从藏书票与藏书印看东西书籍文化的异同》，《新世纪图书馆》2015 年第 12 期。

㉖〔日〕斋藤昌三，李春林译：《藏书票的起源和发展》，《书城》1997 年第 2 期。

㉗ 杜恩龙、葛琦：《西方藏书票的发展及其对出版业的启示》，《新闻界》2018 年第 3 期。

郝铭鉴谈《咬文嚼字》（下）

郝铭鉴　口述　林丽成　采访整理

刊号　队伍　发行

正式亮相虽然成功，但这个刊物还是"三无"刊物。为什么叫"三无"刊物？一无刊号；二无编辑，一个编辑都没有，是我自己利用晚上业余时间编的；三无发行，社里面没有专职的发行帮我发这个刊物，要持久的话难度很大。这些问题要一个一个解决。一开始，我是向北京反映的，能不能给我刊号？许嘉璐非常热心，他多次跟总署联系，说这样的刊物是我抓的重点刊物，能不能给我们一个刊号？但刊号管制很严。中国语文报刊协会会长李行健，一有机会也帮我呼吁要刊号。我们局里面也一直帮我跟北京要刊号。因为没有刊号，我们一开始都是称第几辑，不是第几期。有一次，总署的副署长梁衡找到我，因为他负责刊物整顿，他说刊物还是要继续办，等到有机会我们会考虑刊号问题。就这样，这个刊号的机会等了 5 年，从 1995 年到 1999 年。1999 年突然通知我到北京新闻出版总署开一个会，上海去了两家。这次会议是解决刊号问题的。①

在总署的那次刊号会上，李岚清办公室的工作人员专门找到我，他问我，你的刊物到底办给谁看？我的刊物读者对象非常明确，编辑、记者、校对、广播制作人、节目主持人，我告诉他是这五大类人。他说岚清副总理做了一个调查，全国的语文刊物量是不少的，特别是针对学

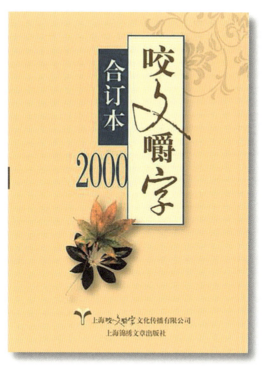

《咬文嚼字》2000 年合订本

生的，已经过量了。为什么给你们这个刊物一个刊号呢？因为你们不是针对学生的，你们是针对社会的。岚清副总理建议你们增加两类读者，第一类是中学教师，第二类是机关里面从事文秘工作的人员。一个学生读了刊物，他的水平提高了，只是一个学生；如果是针对教师的，一个教师的水平提高了，就是一个班级的水平提高了、一个学校的水平提高了，它的作用、意义是不一样的，所以他希望你们一定要把教师作为你们刊物的读者对象。还有一类是文秘工作人员，现在的文件中出了大量差错，包括办公厅、国务院都有差错，提高文秘工作人员的语言文字驾驭能力，不仅关系到机关的工作质量问题，还会给全社会树立一个榜样。后来我们就调整了，由五类读者变为七类读者，而且把中学教师作为我们的首位读者。李岚清办公室的人告诉我，岚清副总理非常关心这个刊物，让署里面专门考虑。我们是 1999 年拿到刊号的，2000 年开始正式交给邮局发行，这是刊物发展的转折点。

还有编辑队伍问题。没有编辑部，一个刊物要长期办下去，靠我一个人利用晚上休息时间肯定不行。现在回过头来看，那时候也没有稿件，人家也不知道，所以我只能自己写稿，缺什么稿子就自己写一篇，刊物的一二三期好多稿子都是我自己写的。这样不行，一个刊物要正常运作，就要建立一个编辑部。

我先把在上海的、我自己知道的、有影响的语文界的人物请来做我的编委：一个是华东师范大学的李玲璞教授，他是搞古文字研究的，我觉得他是不能少的；我的同班同学金文明编过《辞海》，又编过《汉语大词典》，我知道他的能耐，也请来做编委；第三位是我的老师、上海师范大学的何伟渔老师，他是专门研究语法的，而且他很擅长写普及类的文章，也请他做编委；还请了陈必祥，他是上海《中文自修》的原主编，非常熟悉中学教育，我们的刊物宗旨是要面向教育的，所以请他

华东师范大学李玲璞教授

上海师范大学张斌教授

来做编委。后来又增加了一个姚以恩，他是上海翻译家协会的，我们尽管是一个中文刊物，万一遇到外文类的东西，请他来帮忙解决。所以请了这五个编委。我们还请了顾问，罗竹风是语文协会的会长，又请了上海师范大学的张斌教授，他是在全国有影响的，又是我大学里的汉语老师。张斌和复旦的胡裕树是几十年的学术搭档，所以再请胡裕树，又请了一位濮之珍，蒋孔阳的夫人，她是专门研究语言学史的。四位顾问、五位编委。后来扩大到东南亚，新加坡、马来西亚，还有中国台湾、香港地区，这是后面的事情。

顾问和编委都不做刊物编辑工作的。最初半年，我请我分管的理论室的林爱莲帮忙，我做刊物编辑工作，她作为责任编辑，把具体事务性的工作承担起来，我们两个人搭档，先把这个刊物撑起来。编辑人选，我首先想到当时的汉语大词典出版社，那里有很多精兵强将。

我就通过金文明帮我到那里物色一下。半年以后，我从汉大把唐让之调来，唐让之的强项是音韵学，搞汉字音韵的，每个字读什么音，最后是他在那儿把关，这样的专业人才，不能不把他找来。还需要一些年轻的新鲜血液，所以就去复旦、华师大、上海师大，一个学校一个学校地去拜访。复旦给我推荐了一个人，就是现在《咬文嚼字》的总经理王敏，我发觉这个人逻辑思维能力很强；华师大古文字研究中心的黄安靖，现在是刊物的主编；还有一个人转了一圈，开始在郊区工作，后来又到了《检察风云》，叫杨林成，这个人对文字也有兴趣。这么一来，《咬文嚼字》有三条汉子，都是科班出身，都是很强的。我再从上海文艺出版社校对科找了韩秀凤，四个人搭成一个班子。现在看来，这真的是很强很强的一个班子，你看他们现在年纪不大，全部编审通过了，一个编辑部里所有人都是编审，三个人都是骨干。黄安靖现在是刊物主编，王敏当总经理了，杨林成被上海教育出版社挖走，现在是《语言文字周报》的执行主编。

即使有了他们，我还是强调这个刊物的校对工作比一般图书要加强，要找校对，而且这个校对任务是我们社里面一般的校对承担不了的。到哪里去找合适的校对？真的是苍天不负有心人，有一次在上海书展上，听到一个人在我身后不停地叨叨，说这本书的质量不高、那本书差错很多，我回头一看，是一个中年汉子。我问，你说差错很多，你看过没有？他说我怎么没看过？我看过才说它差错很多的。我说你还记得这些差错吗？他随手抽了一本词典，是古代人物词典，词典是很难发现差错的，他翻了两页，告诉我这里有一个什么错，我一看果然错了，又翻了一处什么错，我一看果然又错了。我想这个人才难得，我就问他，你是哪里的？他说我是铁路学校的教师，是铁路中学还是铁路党校我记不清楚了。我问他平时干什么，他说爱好看书，看各种各样的书，看到书的差错就把它勾出来。我告诉他，我现在办了一个刊物，就是要找差错的，你能不能做。他说这个事情最适合我，舍我其谁！这个人叫王瑞祥，我在上海书展上觅到的宝。我没想到，他对文字的敏感，真的是我们一般编校人员比不上的。他家里有三套《汉语大词典》，书房放一套，客厅放一

《咬文嚼字》初创团队，前排左起：韩秀凤、郝铭鉴、唐让之；
后排左起：王敏、黄安靖、杨林成（2001 年）

套，厕所还放一套，随时在那儿翻；他家里把大百科全书全部配齐，真
是入迷的。成了，我当时就约他做我们的特约审读。王瑞祥从《咬文嚼
字》的特约审读开始做起，他的名气在上海一下子传开了，后来上海辞
书出版社的重点图书都找他审读，《大辞海》也找他，北京的《大百科
全书》也来找他，都知道上海的王瑞祥可以把关的。有些刊物就固定地
交给他来把最后一关，《新民周刊》等都是他做最后审读，成了审读专
业户了。他不但速度快，而且眼光准，一眼扫下去就知道哪里可能出错，
真的是一个人才。王瑞祥退休以后，更加有时间了，就专职做审读，辛
苦是辛苦的，但他有兴趣。

郝铭鉴（左一）参加国际书展（1988 年）

还有发行的问题。一开始《咬文嚼字》的发行是非常苦的，我反复找我们社的发行科，他们说这是用书号出的期刊，发行难度很大。我又开始找代理，代理的最大问题就是收不到款，书卖掉了，但款不给你结。最后只好自己做发行。当时我在上海找了 10 所学校，都是有我的同学在那儿工作的学校，让他们帮忙发行。譬如徐汇中学的校长是我的同学，他说每期可以发一千本；大同中学的语文老师答应帮我发，交换条件就是我得到大同中学去给学生上课。我一个人这么发，每期可以发掉一万本，比起有些刊物的起印数只有几千本，我相信《咬文嚼字》还是有市场的。但是我们只好控制印数，因为没有那么大的发行力量。

后来发现我们的合订本市场很大，只要我一出合订本，马上有盗版，盗版的速度之快，你根本想不到。重庆有一家发行公司，说要包我的合订本发行，跟我说发行量 20 万；我一调查，实际印了 40 万，一个星期就全部发光了。合订本的量远远超出单行本的量，盗版还不计在里面。

有一次我接到北京市工商局的电话，抓到一个盗版商，盗印了《咬文嚼字》，让我赶快派人过去一起处理。我问盗了多少，他们说，一房间全是《咬文嚼字》，已经把它封掉了，你赶快来处理，这次要狠狠地罚一下。我问怎么罚法，他在电话里告诉我，罚他 3000 元。我当时一听就笑了，3000 块，工商要留 1500 作为他们的执法成本，给我 1500，到北京跑一次，机票都不够。我就找了天津的一个朋友来处理，《天津日报》有一个人是帮我们发《咬文嚼字》的，我就请他帮我处理这个事情。当时打击盗版的力度是很小的，所以盗版很猖狂。一开始的刊物发行，主要是靠合订本。1999 年，有了刊号以后，发行就交给邮局了；但是合订本的影响还是大于单行本，很多人已经习惯于用合订本，觉得一年一本方便保存。

我们的刊物就是这样，从"三无"产品发展成一个知名品牌。

十六字办刊方针

一个刊物打得响还是容易的，站得住是更困难的。打得响，靠你想一个点子，比如"向我开炮"，一下子知名度就很高了；但是真正站得住，要靠你的办刊质量。怎么让刊物持续生存下去、发展下去？我总结为办《咬文嚼字》的十六字方针：以人为本，以质为魂，以用为上，以学为根。这十六个字是贯穿我们办刊始终的。

首先是"以人为本"，对你的读者要非常了解，而且要非常忠诚。不是让读者忠诚于你的刊物，而是你的刊物忠诚于读者，你要以你的服务让读者信任你、期待你、追随你。我们的读者，一开始是五类，后来变成七类，我们对自己的读者定位是很窄的。我们不像有些刊物，面对广大读者。这个广大读者，往往你心里的读者对象是不明确的，因为你不知道给谁看，我们是非常明确的，就是给这七类人看的。这批人的特点是什么呢？工作是非常紧张的，时间是非常少的，跟语言文字打交道的，但大部分人又是没有经过系统的语言文字训练的。他们的阅读，不可能是定定心心、正襟危坐、泡一杯茶坐在那儿的，而是见缝插针的。

所以我们刊物的文章一定要短，我们强行规定48面的篇幅至少要发50篇文章，要让读者随时随地都可以看完一篇文章。其次，这批人是搞语言文字工作的，他碰到的问题都是工作当中的问题，刊物一定要实在，不讲空的道理，针对性要非常强，看了你的刊物，就能解决他碰到的问题。还有，他没有经过系统训练，所以不能搞名词术语，讲了半天他看不懂。我们要提倡无障碍阅读，让他看得懂。譬如碰到一个很冷僻的字，就要注音，让他可以顺利地读下去，这就是为读者服务。我们非常明确，要尽可能地营造与读者的亲近感，不能跟读者拉开距离。从创刊开始，就用"我""你"这样的称呼跟读者交流，用第二人称，让读者感到这是一种促膝谈心。要创造各种条件，让读者走进你的刊物。我们提出，来信必复，你只要来信我就给你回信，一开始我们是做得到的，到后来，来信量实在太大了。我不是吹牛，每年我自己写出去的信是几百封、上千封。在全国的刊物主编中，有几个主编能够跟读者保持这么一种

郝铭鉴（左二）在"月亮神"报刊编校质量有奖竞查结果发布会上（1995年）

联系？我觉得是很难的。而且我们后来又办了读者俱乐部，开设了热线电话，都是为了跟读者建立联系。这就是我说的一定要以人为本，你要时时想到你的读者们需要什么，就是要听读者想说的，说读者想听的。这样才能让读者感到你做的正是他想要的。这就是"以人为本"的办刊方针。

第二是"以质为魂"。质量是刊物的灵魂，绝对不能马马虎虎，特别是我们这样一个刊物。所以每审一篇稿件，至少要核对三种工具书。一般出版社是做三个校次，三校一读；我们是十个校次，我们有很多外聘的编审做刊物审读，通过增加校次来使刊物减少差错。即使这样的话，还有差错怎么办？开设专栏"向我开炮"，把创刊搞的活动做成一个栏目，专门纠正自己的差错。我举一个小例子，我们曾经搞过一个活动，叫"为城市洗把脸"，这样的活动，看起来好像只要看到一个差错，拍一张照片、写一段文字就可以了，实际上不是这么简单。所有读者提供的差错，我们的编辑都要去实地考察，要去核实，不要因为读者的理解产生问题。比如有读者反映，故宫里面有一个具服台，皇帝祭天时要到这里换衣服，换上蓝色的衣服，这里有一个说明牌，把蓝色的蓝写成兰花的兰，这当然是一个差错，读者把牌子拍来了。我们想想故宫怎么会发生这样的差错，专门派编辑去核对，果然那个牌子还在，蓝色的蓝写成兰花的兰，错了。照理说，我们指出它的差错就可以了，可我觉得这只是一个简单差错，对读者来说受益不大，缺乏知识含量。所以我就对这个编辑说，为什么皇帝祭天要到这里换衣服，为什么要换蓝色的衣服，你能不能找到根据。他就到网上查，说在《大清全典》里面有，其实根本没有《大清全典》，网上乱写的，是《大清会典》。我们的编辑又到上海图书馆去查《大清会典》，《大清会典》是分上下册的，我们要找的内容在下册，而上海图书馆只有上册，没有下册，怎么办？再找，最后找到《清史稿》，总算查清楚了。历来祭祀都是一个大事情，清朝的时候，不同的祭祀要穿不同的衣服：祭老祖宗穿黄衣服，黄色代表我们民族；祭天穿蓝衣服，天空是蓝的；祭日穿红衣服；祭月穿白衣服。这篇文章原来只是一个简单的用字差错，现在把清代祭祀的内容加进去，文章的知识含量就丰富了，通过内容饱满度来提高刊物的质量。

"桃李满天下"的意思，大家都是知道的；词典上面也有"桃李"的解释，但这是源自一个很生动的典故，知道的人就不多了。我们曾经收到一篇来稿，专门谈为什么称学生为"桃李"。来稿开篇就讲有一个人叫子贡，他培养了很多人，提拔了很多人，但当他受到魏国的魏文侯的迫害时，没有一个学生出来为他讲话，所以他非常伤心地逃出魏国了。这篇文章就是这么开头的，审稿编辑脑子里马上出现一个疑问，子贡不是孔夫子的学生吗？怎么会到魏文侯那里去呢？他做官的话，也不应该在魏国，应该在鲁国啊。马上把稿子送我们的编委金文明把关。一查，不是子贡，是子质。子贡是春秋时代的，子质是战国时代的，不同时代的两个人。子质才是魏国的大臣，培养了很多人，最后受到迫害，人家都不帮他，逃到赵国去了。他向赵国的国君诉苦，你看我培养了那么多学生，最后都不帮我。赵国的国君就给他打了一个比喻，培养学生就好像栽培树木，要看你栽培的是什么树木，栽一棵果树，夏天可以乘凉，秋天可以吃果子，如果你栽一棵荆棘，就会长出刺来刺你。后来就把培养学生称为"十年树木"，把好的学生比作"桃李"，"桃李满天下"就是从这儿来的。我们通过编委把关，质量就有了保证。"以质为魂"，是我们的一项传统。

"以用为上"，就是强调实用。办刊物当然要讲可读性，但我们说可用性比可读性更重要。人家看你的刊物不是看着好玩的，是想看了要有用的，所以要以用为上。每一篇文章的取舍，要把实用性作为判断稿件的一个标准，想想有多少人会碰到这个问题，要抓那种用途最大的话题来做文章。我们提出按照话题的热度来选取稿件，什么是最好的稿件呢？就是有聚焦点的稿件，这个话题可以聚焦，全社会都在关注的，大家都用得到的。没有聚焦点的话，就抓兴奋点，只要你提出来读者就会感兴趣的。兴奋点也没找到的话，最低的底线叫共同点，是我们的七类读者在工作中都会碰到的，这就是共同点，这是一个底线。有一年我们出去讲课，到处有人在问，"唯一"的"唯"，你说是"口字旁"还是"竖心旁"。你要查词典的话，各说各的，《现代汉语词典》"竖心

《咬文嚼字》获 2017 年华东地区优秀期刊奖

旁"，《汉语大词典》则以"口字旁"为主。读者急需解决这个问题，怎么办？我们想不管花多少力量也要把这个问题解决了，因为这是一个实用性的话题。我们组织了三个专家组，分头在那研究。三个专家组的意见一汇总，非常统一。唯一的"唯"，已经存在两千多年了，使用中有一个变化过程，开始是三个字，"口字旁""竖心""绞丝旁"，都可以用于"唯一"，先秦的古籍当中，这三个字都在用；到了汉代变成两个，绞丝旁没有了；到了宋代以后，一会儿是"竖心旁"占上风，一会儿是"口字旁"占上风，在拉锯；到了五四以后，"口字旁"占绝对的优势；新中国成立以后，"口字旁"一统天下，"竖心旁"是不用的。现在怎么会提出"竖心旁"呢？是《现代汉语词典》的编撰者考虑到历史上有一千多年的时间用过"竖心旁"，为了跟历史接轨又恢复了"竖心旁"的用法。所以接受过语文教育的人都习惯用"口字旁"，不习惯"竖心旁"。我们把三个专家组的意见公布出去，得到了全国新闻出版同仁的一致赞成。《现代汉语词典》应该是从善如流吧，从第五版起改成了"口字旁"，采纳了我们的意见。我觉得这就是"以用为上"的办刊方针，我们的刊物有这一种精神，在社会上可以产生它的影响。

第四条办刊方针叫"以学为根"。语言学是一门非常严谨的学科，我们刊发的文章，表面看上去东一榔头西一棒子的，但一定是以语言学作为它的基础，不是随便哪一个人凭自己个人的用字习惯在说话，那样你是办不好刊物的。我们整个刊物的基础是语言学、文字学、修辞学、音韵学。编辑部的人，看上去搞的是非常实用的东西，但你的根基都是一门科学，任何语言现象，最后都要在这门科学上面找到根据，否则你的刊物对读者是不负责任的。所以现在他们经常在研究一些课题，让自己能够先把这个问题搞清楚。比如"七月流火"的原意是天气转凉，但在我们当代生活中，"七月流火"是指天气炎热，这就是语义转移。这是一种语言现象，到底转移得对还是错，你要回答这个问题。还有我们现在经常讲的"问鼎冠军"，这个"问鼎"到底是拿到冠军还是没拿到冠军？古人是指没有拿到冠军，但是有机会去拿这个鼎，"问鼎"，但是现在我们把它用作获得冠军，跟过去的意思不一样了。你说"固步自封"，过去我们是用"故事"的"故"，现在写成"巩固"的"固"；莫名其妙，过去是"姓名"的"名"，现在很多人写成"光明"的"明"。这样的语言现象很多，这种现象在语言学当中称之为变异。有的是读音变，比如过去我们讲"叶（shè）公好龙"，现在是"叶（yè）公好龙"。语言学的这种变异分两类，一类叫积极变异，一类叫消极变异。积极变异是语言的发展，消极变异是语言的失范，是偏离规范的。对于积极变异，语文刊物要推动，要引导读者学会正确运用；对于消极变异，你要批评，要告诉社会什么是正确的。关键问题就是要判断什么是积极变异、什么是消极变异，心中要有底，心里没有学问的基础，判断稿子时，你的底气是不足的，所以我说要"以学为根"。

对于语言变异现象，我们讨论下来归纳为三大要素：首先要有必要性，如果现实表达有需要，就说明它有内驱力推动着变化；第二个是合理性，变了以后是不是符合汉语的结构规律，不要变出一个"四不像"，

郝铭鉴（前排坐者中）与上海文化出版社员工合影（2005 年）

汉语根本不能接受，那也不行；第三个是稳定性，就是今天这样变了，明天还可以用，后天还可以，最后成为一种大家接受的新的语言材料。符合这三条，我们认为就是积极变异；即使跟过去不一样，也是可以接受的。"艾滋病"，过去我们用"爱情"的"爱"，现在用"草头艾"，这个都是变异现象。类似这种情况，都是要求编辑部的成员有语言学科的学术背景，所以要"以学为根"。

我们的十六字方针："以人为本，以质为魂，以用为上，以学为根。"掌握这十六个字，贯彻这十六个字，刊物才有生命力，在读者当中才有信誉。没有一个读者对刊物是忠诚的，因为他都是根据自己的切身需要来选择的，只要不符合需要，就会随时离开。但是《咬文嚼字》的读者忠诚度是很高的，就和这十六字办刊方针有关，因为读者从这本刊物当中获得了自己想要的东西。

（本文口述者为上海文艺出版社原副社长、《咬文嚼字》创办人，

采访者为本馆研究馆员）

注：

① 经查上海市新闻出版局档案，1998年7月16日，上海市新闻出版局向新闻出版署行文《关于〈咬文嚼字〉申请刊号的请示》[沪新出（98）期字第034号]；1999年3月11日，新闻出版署批复《关于同意创办〈咬文嚼字〉的批复》[新出报刊(1999)226号]。由档案还知，上海市新闻出版局向新闻出版署申请的是16开本刊物，新闻出版署批复的也是16开本刊物，但《咬文嚼字》始终保持标准32开本，这也体现了郝铭鉴坚持的办刊宗旨：有内容、有格调、有气场的小刊物。

持恒函授学校与香港三联书店
——蓝真讲述早年革命出版工作

蓝　真　口述　张　霞　采访整理

我很喜欢看书，生活书店出版的书和杂志，我总是想办法看，对邹韬奋先生这个人我认识很深。1947年底我在广州，晚上在报馆做校对，白天在一个工程局里做晒图工人，晒蓝图、工程图。生活书店出版的，我每期都看的是《读书与出版》这本杂志，我在上面看到生活书店主办的、在香港成立的持恒函授学校正在招生。

《读书与出版》（1948年6月15日）

65

持恒函授学校里包括哲学、经济、文学、社会科学、社会学、语文各种各样科目，几个导师都是我非常熟悉的，胡绳、邵荃麟、张铁生、乔冠华、邓初民、沈志远，都是很有名的作者。我那个时候虽然在工作，但是也很用功地在读书，特别是社会科学的书和喜欢的哲学的书，所以我报名参加持恒函授学校的哲学课。这个学校本来的名字叫韬奋函授学校，是为了纪念邹韬奋先生的，后来考虑到邹韬奋这个名太响了，国民党是很憎恨邹韬奋的。不用这个名，国统区的有志青年就能参加，所以改作持恒函授学校。持恒函授学校的校训有八个字——"持恒、求真、奋进、不懈"，的确做到了这样。

参加持恒函授学校的时候，我觉得我还是用功的，学校也比较重视学生。老师是胡绳，我有时和他通信。他当时是教哲学课的导师，我总是有一个疑问，实践和理论哪方面更重要呢？胡绳先生答复了我一句话，是陆游诗里的一句"纸上得来终觉浅，绝知此事要躬行"——实践是非常重要的。因为我是在国统区，那时持恒函授学校从香港寄给内地的许多信，国民党是会检查的，胡绳先生就请人将信和讲义带到广州，委托我继续寄到各个地方，这样就避免了检查。

学校和我的感情比较深，对我比较了解，后来就推荐我参加持恒的工作。有一位程浩飞先生，是邹韬奋先生的秘书，也是生活书店的工作人员、骨干，做持恒的总务主任。他叫人到广州找我，问我有没有兴趣，讲待遇是很低的，工作也很平常，并且比较苦的。我一听，这不正是我要找的么，就是要找这条路，找一条革命的路，找一条文化的路，所以我就答应了，到香港来了。我带着一个藤箱子，带了两套衣服。那时我大概 23 岁，穷，在广州每个月收入就换 30 元港币。

持恒，外面看起来以为是很了不起的进步团体，其实就只有六个人在工作，地址在英皇道 489 号的四楼。帮程浩飞写信，联系拼讲义的，是温崇实，他在香港的时候又叫温知新，年纪和我一样大。他解放后就回到上海，后来参加《文汇报》的工作，是个记者。

另外有两个刻蜡纸的，因为当时讲义是用蜡纸刻的。加上一个会计，年轻的姑娘张芝兰。我是"不管部"的，打杂。拿信、拆信、退书，还管生活，买东西，各种各样都做，还担任学友会的主席，就是团结香港这些同学，做青年工作。

我常到胡绳家，送同学的讲义，代他寄讲义，有时候他也叫我帮他改一改，就跟他比较熟悉。他担任生活书店的总编辑，其实就是党在生活书店的联系人，并且他的社会活动很多。

我到生活书店时年轻，骄傲，因为我有组织能力，会写写文章，像散文、诗，青年人都喜欢写诗，写诗最容易，我有的诗还在报纸上发表，所以觉得自己行。谁知道分配的第一个工作是叫我去收银，对此我是极讨厌的，而且需要打算盘，我从来没有学过打算盘。即便没有读者来，做收银工作的也不能看书，这是规定。在门市部既不能做自己的事情，晚上结账又常常结错，我觉得这样不行。我想做编辑，我要写东西，想要做一个笔扫千军的理论家，所以我找胡老师，我说是不是可以去编辑部？做校对也行，在这儿（收银）干不下去啊。

持恒函授学校员工合影，前排右一为校长孙起孟，后排左四为蓝真（1947年）

胡绳说："我们的工作是革命的工作，应该服从组织分配。这个事情我也管不了，应该找徐伯昕总经理才行。"我就找徐伯昕。徐伯昕人很好，跟我道理讲得不多，就说应该"从兵做起"。经过一番思想斗争以后，我决定干下去。收银做了不久，工作就调了，派我做总务。所谓总务就是事务，很忙的，不光是忙店里。解放战争正是非常紧张的时候，国内的人来来去去，左翼的文化人到香港，都是来找生活书店。书店就是革命的据点，我们出版是双重革命，我们要建立一个自由、平等，人人有饭吃、有书读的强大国家。这些来来去去的人都是我接送，到码头，到火车站。那时码头、火车站的苦力都是潮州人，看到外地的人，他一定要抢着帮你拿行李，然后问你要五元钱、十元钱。我是潮州人，跟他们讲得来，就没问题。一来二去我对一些接送的文化人也熟悉了，比如臧克家等这些人，解放以后我们都有往来。

到1948年年初，周总理通过胡绳来讲，在香港的三个书店的同志都要撤退。撤到哪里？回解放区，建设新中国！把财产、纸型等几乎所有的一切都撤走。他跟同志们讲，回到解放区，生活是苦的，并不是像大家理想的那样，要有思想准备，服从分配；但是在香港也留少数人，还要坚持我们的出版革命工作，搞爱国工作。10月26日晚上，开了一个特别的晚会，有38人参加，我是其中的一个。胡绳、邵荃麟、黄洛峰、徐伯昕、沈静芷五个负责人，都写了"坚持团结"的字幅。会后，很多人就分批从各种渠道回到内地去了。

本来三联书店在内部已经是在一起了，就是党的组织、党的领导已经同意了，只是财产各方面对外还没有联合。为什么要联合？就是要把力量集中起来。就像我们为什么要搞总管理处，总管理处后来又搞集团，都是一样的，就是要加强力量。那时我们当然想回来啦，没有一个人想留在香港的。大军已经渡江了，我们向往的新中国不晓得多么美丽、多么好啊！但是工作需要，我留下来了。留下来六个人，两个是生活书店的，两个是读书出版社的，两个是新知书店的，都是广东人，都会讲广东话，并且我还会讲潮州话，熟悉地方情况。当地干部是很重要的，共产党能取得胜利，干部的来源就是就地取材。经理叫杨鸣，他是新知

生活书店、读书出版社、新知书店香港联合发行所

书店的；我是总务，后来叫副经理。书店的财产也很少，很穷。我们虽然在香港，但都是支持广州解放的，我和四位同志买了四部最好的单车，从香港骑到广州去，配合解放军进城。公路破坏了，铁路破坏了，我一路跌了四次，一路骑上去。不久，广州解放了。在广州的最后两天，我心想是不是要叫我回来了？我们回去四个人，他们三个人留下，我呢，又叫我回香港了。

　　我又回到香港了。不久，杨鸣同志调到广州，负责三联书店，我就成香港三联的经理了。为什么会做三联经理？那时干部都要年轻化，我二十几岁，老杨比我大三岁。我做经理以后，我们在香港就吸收了两批青年，一共18人。这些人后来都是我们集团三联书店、中华、商务的骨干。

18个男男女女都没有结婚，住在一层楼，就是持恒函授学校那个地方。只有一个洗澡间，一个厕所；而我们那时洗澡是集体洗澡，几个人一起洗。生活很艰苦，也很快乐。

这帮青年人来，我们是加以培训的，我担任组长，18个人分批，6个人6个人进来的。来了以后，半天工作，半天学习。学什么呢？学政治。除了学习中央发表的一些政策方针以外，主要学习邹韬奋先生的《事业管理与职业修养》。我是组长，带他们早晨学习，下午工作，晚上读书。晚上8点到10点钟是自由时间。

那时我们很节省，书都是用牛皮纸包、麻绳扎的，拆包以后再利用，继续打包，寄到海外。所以我们每到晚上就整理，把这些麻绳绕起来，有的同志坐在我们宿舍整理，我就讲故事给他们听。我讲苏联故事，讲《钢铁是怎样炼成的》，苏联的故事对我们的教育很大。我是看过以后，把这些故事梗概简单地讲一讲，里面最好听的、最重要的段落我就朗诵。比如说，《钢铁是怎样炼成的》中"人的生命只有一次……"，还有冬妮娅的爱情，我就讲得很形象，年轻人的爱情是文学中永恒的题材，斗争是文学中不可避免的，是启发人心的真理。讲苏联故事不是从头读到尾，而是把最精彩的东西拿出来讲。我们还一起唱苏联的歌，《红莓花儿开》《喀秋莎》，"喀秋莎站在峻峭的岸上，歌声好像明媚的春光"。现在回忆，我们在青春岁月的时候，都是无憾无悔，虽然生活条件差一点。

三联书店因为大多数编辑都回到内地，那时只能做发行。发行主要是门市部，大概80平方米，20平方米作为办公室，外面是门市部。门市部我们搞得很整洁，并且我们每种书放一本两本，这样书的品种就多了。我们熟悉这些书，卖完随时就补，服务态度在香港是有名的。门市部的同事也比较懂得书，把最主要的书，最重要的书的前言、后记、跋看过，大体上就知道这本书了，读者来买书，就谈得起来了，而不会说这本书在哪里，你自己去找，是很诚恳的，做事明快。所以我们在门市部结交了好多朋友，三联书店的业务能力和服务态度是挺好的。解放初期，国民党跑到香港的一些大官，经常来三联书店买书，买中央政策的书。

香港三联书店同仁合影，后排右一为蓝真

　　三联书店卖的书里头，政治的、文学的，什么都有，拨给我们书的是国际书店。国际书店就是现在的中国国际图书贸易总公司，负责人都是三联书店出来的。出版局的负责人也是曾经在三联书店的黄洛峰。他们拨给我们书，优惠，半年结账一次，如果没有钱还，还可以缓一下。得到他们支持，我们的服务态度更好。服务态度是上层的意识形态，物质没有就不行，要结合起来。

　　我得出的经验，门市部是一个培养训练出版工作最好的基地，所以我们后来的一些编辑、发行的负责人都是在门市部做过的。觉得这个人可以在这方面造就，才从这儿提拔上去的。一个编辑能够在基层、门市做过一定时间的工作，他编书就更懂得读者，书的销路更好。

　　我们那时候怎么生存呢？就是靠门市部。不但把爱国主义的东西和新知识、经典知识推广出去，而且每天有现金拿。门市部经营得好，能周转，这是很重要的。除了门市收款以外，我们很注意杂志的发行。各种各样的杂志，特别是解放以后的很多杂志，质量很高，像《人民文学》《文艺报》，多得很，并且那个时候刚刚解放，外面的青年、外面的人都很向往新的东西，所以订购的人很多。如果杂志到了，我们三联书店的同志就在当天晚上全部打包好，第二天就寄出去。人家书店没有像我们这样做的，我们做到天亮也要做。

卖杂志有一个好处，先收钱。你订一年，我先收你一年的钱。然后一个月给你一期，一共十二期。还有邮购，外面来买的，是先存钱才给书。邮购工作是邹韬奋先生留下来的，"竭诚为读者服务"这句话最值得我们赞扬。邹韬奋先生在办生活书店以前，办《生活》周刊，读者来信问什么问题，他都答复。他说，他答复读者的信，就好像写情书一样。他把读者的事情看成自己的事情，所以赢得了很多读者。他提出"竭诚为读者服务"，邮购不仅是买书，后来发展到买皮鞋、买眼镜、买化妆品，什么都办。所以我们三联书店起家，能在香港维

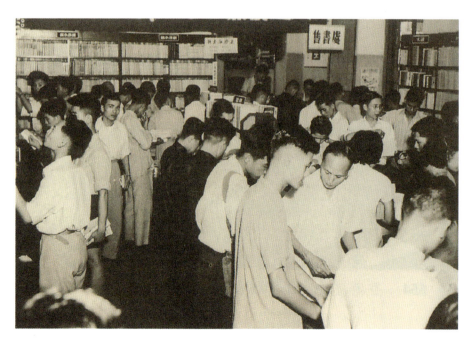

香港三联书店九龙门市部

持下去，主要是靠"竭诚为读者服务"，热情为读者服务。

我们学习邹韬奋先生就是要学他的勇气，邹韬奋先生是民主斗士，很有骨气、有勇气，办出版要有勇气，不单单是赚几个钱，我们是为人民。《生活》周刊被禁了，就出《新生》，《新生》禁了，就出《永生》，《永生》后面是《生活星期刊》，一直出、出、出，一禁再出，你抓我走，一直走到香港。国民党叫他合作，他不干。他说跟你合作，我们书店可能会生存下去，但是不行，变了我的信仰就没有办法再回来了。我们做出版工作的，办三联书店，就是学邹韬奋先生的精神，我们在香港那边就这样坚持下来。我们20世纪五六十年代在香港那边，也是很辛苦，半地下状态，比如上海几十箱书运来，却通知我们说里面有军火，有枪，不能进口！其实没有，他一定要搞麻烦。找借口，麻烦你，不给你的书进来。我们当场拆箱，是没有。他们还到我家里搜查。很辛苦，但是我们读者很多，他越讲人家越要去，香港三联书店就是在这样的情况下发展起来的。

（本文口述者为原香港三联书店总经理，整理者为本馆馆员）

中共中央出版部在上海初考

——《上海党史资料汇编》发微

完颜绍元

中国共产党的出版事业，自党的创立时期开启于上海，迄今已走过百年历程。但是既往的中共出版史的叙事模式，多将1927年四一二反革命政变后上海长江书店的结束作为"中共早期出版事业"下限，或者再延至1927年以后继续以"无产阶级书店""华兴书局"等名义出书，到1931年告一段落（目前已见华兴书局书目中最晚出版时间为1930年），其标志是中央出版发行部撤销，有关人员撤往苏区。[①]据此叙事，直到生活、新知、读书三家书店在抗日救亡高潮中崛起之前，党中央在上海领导的出版事业，似成了一段空白。

无论就主观客观言，这个说法都很难成立。从主观言，华兴书局结束了，中央政治局仍在上海；政治局撤走后，代表中央领导白区工作的上海中央局继续存在，一直坚持到1935年8月，岂甘须臾放弃党一贯极其重视的书刊出版活动？从客观言，就1931年到1935年国民党中央宣传部历年饬令查禁的书刊名录看，认定是中共出版物的累计达数百种。可以推定，这些书刊多数在上海出版印造并传播到全国，但与此后也成批列入查禁名录的生活、新知、读书的出版物完全不同。毫无疑问，拥有如此完备的编译出版能力又甘冒坐牢杀头危险，始终在白色恐怖环境中坚持造货并源源不断发行出去的，只能是中国共产党的组织行为。究竟是党的哪一级组织哪一个部门在运作呢？因为很少看见这方面的档案文献和亲历者回忆，这段从1931年到1935年的革命出版活动书写似乎成了空白，甚至没有人提出过这些出版物是谁在出版发行的问题。

前两年，笔者有幸参与了中共上海市委党史研究室编《上海党史资料汇编》（以下简称《汇编》）在上海书店出版社的出版工作。该书汇辑上海市委党史资料征集研究部门在半个多世纪中征集组稿、整理编纂的总计近六百篇文章，全是出自作者亲历亲见亲闻追记而成的新民主主义革命时期党在上海的活动资料，其中相当一部分是从党的创立直到1935 年 8 月上海临时中央局结束期间，中共中央及所属各部门机关在上海的活动，以及中央与苏区、各地互动的亲历性叙事。本文开篇提出的 1931 年到 1935 年党在上海自营出版事业是否有过一段空白的问题，也因此豁然而解：原来直到 1935 年 8 月上海中央局奉命结束之前，中共中央出版部及其所属的造货、发行等部门始终在上海坚持工作，也就是说中国共产党在上海的出版事业从未一时中辍。

鉴于这个课题的内容相当丰富，而在既往关于中央出版部的叙事里，甚至连该机构的起源、沿革、职能、结构、经费、运作方式以及它和中共中央其他部委间的关系、分工等，好像还未见有专题研究。比如它在上海结束的时间有不确定性，成立时间也嫌模糊，许力以主编《中国出版百科全书》说是 1924 年，而曾经负责过这个部门工作的老共产党人郑超麟则说"出版部是党的五大以后才设置的"。[②] 即使在有些出版史专著中，相关的叙述也因受资料利用限制而缺乏系统性。[③] 为此，本文谨以《汇编》为主，并据其提供的线索，参以其他资料记载，先就出版部从 1920 年 8 月始建到 1935 年 8 月结束，凡十五年沿革的人致经过和人事接替，略述大概，以后再续及其他。

中国共产党创建时期的出版部

1920 年 8 月，中国共产党发起组织在俄共（布）远东局海参崴分局代表维经斯基（吴廷康，旧译魏金斯基）协助下在上海创立，出版部是中共发起时期"临时中央"最早设置的工作机构之一。维经斯基在给上级的报告中汇报："我在这里逗留期间的工作成果是：在上海成立了革命局，由 5 人组成（4 名中国革命者和我），下设三个部，即出版部、宣传报道部和组织部。"报告中具体陈述了这三个机构的工作：出版部现在有自己的印刷厂，印刷一些小册子。现在有 15 种小册子和传单待依次付印；宣传报道部成立了俄华通讯社，通讯社向全国 31 家报纸发稿，发出的材料都经一位同志之手（即陪同维经斯基与陈独秀会谈的杨明斋）；组织部忙于在学生中间做宣传工作，还要在这一周召开地方工会和行会的代表会议，准备成立工会中央局。④ 稍后的 1921 年春，张太雷在俄国伊尔库茨克作为中国共产党的代表向共产国际远东书记处递交的报告中，也这样写道："我们的出版部为工人出了一系列的周刊和报纸，以及多种小册子和传单。"⑤

维经斯基报告中这个革命局或革命委员会的性质，学术界各有表述，杨奎松的观点是"革命局就是我们通常所说的那个中共上海发起组"。另外尚有社会主义者同盟的领导机构、社会主义者和无政府主义统一战线性质的机构、共产国际东亚书记处的下属机构等各种观点⑥。任武雄的看法是，上海党组织的成员远远不止 5 人，故"上海革命局实际上是俄共代表魏金斯基和陈独秀等少数几个上海党组织领导人与主要骨干的联络形式"。至于革命局里的"4 名中国革命者"，除了陈独秀和维经斯基，还有三位是谁？任武雄说："我认为是负责出版部的李汉俊、负责宣传报道部的杨明斋和负责组织部的俞秀松。"维经斯基报告中曾提到"《中国社会主义报》出版者李同志是我们上海革命局成员"，中央党史研究室第一研究部译本对"李同志"的俄文原注是"指李震瀛"。对此任武雄以充分论据给予否定，指出并不存在《中国社会主义报》，应该是指李汉俊编的宣传社会主义的《星期评论》。维经斯基因不谙中文，听了介绍后未加细察，误写成《中国社会主义报》。其实这份报告中还有一处关于出版部的陈述也在指向李汉俊："星期日，即 8 月 22 日，我们出版部将出版中文报纸《工人的话》创刊号。它是周报，印刷 2000 份，一分钱一份，由我们出版部印刷厂承印。"中共一大会址纪念馆的译本直接将《工人的话》译为 1920 年 8 月起在上海出版的《劳动界》周刊，而这个中国工人阶级的第一份周刊，正是李汉俊负责的。

任武雄认为，李汉俊是中共发起组的发起人和主要成员，按照实际情况，他是负责上海的出版工作的。李汉俊是《新青年》的编辑。1920年8月17日在上海《民国口报》上发表的《〈劳动界〉出版告白》，由李汉俊、陈独秀共同署名，李的名字尚在前面，出版《劳动界》正是出版部的主要工作。李汉俊还在《劳动界》第1期上发表《为什么要印这个报》，可见他是这份党与团的机关刊物的负责人与主编。他还和俞秀松、陈独秀三人在《劳动界》上发表了《为筹办〈店员周刊〉写的信》，说明他参与负责《店员周刊》的出版。另外，陈望道翻译的《共产党宣言》最后也经过李汉俊和陈独秀精心校对。陈望道译《共产党宣言》、李汉俊著《马克斯资本论入门》、陈独秀著《谈政治》等以"社会主义研究社"名义出版且在党办印刷厂印刷的小册子，都需要有相当马克思主义水平的选题定稿，"而当时只有李汉俊可当此重任"⑦。

笔者完全认同任武雄的判断。其实张太雷给共产国际远东书记处报告中的"我们的出版部"的措辞，已足以说明这个革命局既不是什么社会主义者同盟的领导机构，或社会主义者和无政府主义统一战线性质的机构，也不是共产国际东亚书记处的下属机构，而是张太雷代表的"我们"中国共产党的机构，如果把维经斯基看作是代表俄共同中共的联络人，那么这个机构也就是包惠僧所说的"临时中央"。各种证据表明李汉俊是中国共产党创立时期与陈独秀并肩奋战的重要人物，陈独秀去广州后，他又成为代理书记。而当维经斯基向上级报告这个革命局及其出版部的工作时，同样具有相当马克思主义水平的李达还在从日本回国的行程上，或者刚抵上海，时间上不衔接。正如任武雄所说，"当时只有李汉俊可当此重任"，其论述相当全面，所以笔者也认为李汉俊是中共创建时期出版部负责人的看法，无须论证，只要引述即可。

现在讲究发掘红色遗址，那么中共第一个出版部的遗址应该定为何处适当呢？大致范围不出两处，一个是李汉俊及其兄长李书城的寓所，后来他同陈独秀、李大钊等一起发起创办的新时代丛书社对外也用这个地址：望志路一百〇六号（今兴业路76号），现在的中共一大纪念馆；

上海法租界环龙路老渔阳里 2 号陈独秀寓所

另一个是老渔阳里 2 号陈独秀的住宅，即现在南昌路 100 弄 2 号。《新青年》成为共产党机关刊物后，几个主要的编辑李汉俊、陈望道、李达、沈雁冰都在这里工作过，《共产党》也在这里创刊。包惠僧回忆："楼上的统厢房是陈独秀夫妇的卧室，统楼是陈独秀的书房""楼下统厢房陈望道住过，楼上亭子间李达住过""楼下的堂屋是堆满了《新青年》杂志和新青年社出版的丛书"⑧。印象中新时代丛书社似以商务印书馆为出版机关，纯粹的中共出版品则以新青年社为出版机关，比较起来，也许把这里定为第一个出版部所在地更合适。

1921年7月，党的第一次全国代表大会在上海召开，大会通过的《中国共产党第一个决议》规定："一切书籍、日报、标语和传单的出版工作，均应受中央执行委员会或临时中央执行委员会的监督。"⑨根据大会选举出的中央临时领导机构的分工，出版工作由主管宣传的李达负责。包惠僧回忆："第一次全国代表大会以后，党中央在辅德里附近（好像叫新辅德里，部位似是在南成都路辅德里旁19号）租了两栋一楼一底的新房子。一栋是代理书记周佛海住，刘仁静也住在这里；一栋是张国焘住（算是组织部）。李达住在辅德里（算是宣传部）。这三处是第一次全国代表大会成立后的中央工作部。新渔阳里六号是何时退租我记不清楚。"⑩当时新青年社已经迁往广州，李达在大会闭幕一个多月后，新建立了一个出版机构——人民出版社，公开的社址也在广州，秘密社址就是他这个"算是宣传部"的所在：南成都路辅德里625号。可以认为这个人民出版社就是李汉俊负责的出版机构的延续，期刊图书转到这里编辑，各地党组织的信件寄到这里，各地同志的接洽也先到这里。李达回忆，直到1922年7月"二大"召开前这一年时间里，中央的主要工作就是出版《新青年》《共产党》等期刊图书，以及阅看各地组织的文件并给以指示。但出版社所有付印、校对、发行工作则都由他一个人担任，所以又添置一人做包装和寄递书籍的工作⑪。李汉俊则因为与陈独秀不和，去武汉工作了。

党的二大以后，中央的宣传工作由蔡和森分管，李达则应毛泽东邀请去长沙工作，人民出版社也结束了在上海的工作。曾有人认为人民出版社是1923年秋与新青年社合并的⑫，其实人民出版社一直在使用广州的新青年社地址作为公开社址，所以笔者认为所谓"合并"仅具形式而已。事实上迄今所见人民出版社所出图书的出版时间，都在1922年7月以前。

《共产党》第一号

　　"二大"以后，蔡和森以相当多的精力投注在中共中央机关报《向导》周报的编辑上，因为中央在上海的人手不够，决定由担任第一任中共江浙（上海）区委书记的徐梅坤兼管《向导》的出版发行工作，在老西门肇浜路兰发里三号设总发行所，但《向导》很快即遭禁售，从此转入秘密发行。1922年10月，《向导》随中央机关由上海迁驻北京，办公地址设在后门内景山东街的一个胡同里，发行通信处则为北京大学第一院收发课转罗敖阶，即罗章龙。罗章龙离开北京后，改为北京大学第一院收发课转刘伯青。北京发行通信处主要面向北方地区，而徐梅坤负责的上海秘密发行所则主要面向南方地区。1923年"二七大罢工"失败后，北京形势日趋严峻，《向导》又随中央机关迁回上海，再因上海处境困难而随中央迁往广州，在广州昌兴新街二十八号设址公开发行，不久又增加了杭州发行所：马坡巷法政学校转安存真。总之，包括《新青年》《劳动周刊》《前锋》等其他刊物，这一段时期中央的出版发行工作可以说是各自进行，但是若就中央在上海的出版发行工作言，徐梅坤是主要人物[13]。

机关飘忽无定，发行力量分散，又缺乏统一的管理机构，皆为妨碍党推进出版事业发展的不利因素。如其后中央局向三届一中全会的报告，在述及宣传工作时说，"因中局及出版机关迁移之故，《新青年》应出二期，只出一期；《前锋》应出五期，只出一期；《向导》应出到四十九期，只出到四十六期"，图书则完全没有[14]。而据葛萨廖夫记述，主要是因为财政困难，也由于出版工作处理得不好和材料选择得不适当，党在创建时期的"宣传鼓动工作和共产主义著作的发行工作都开展得很慢"。[15] 此外，

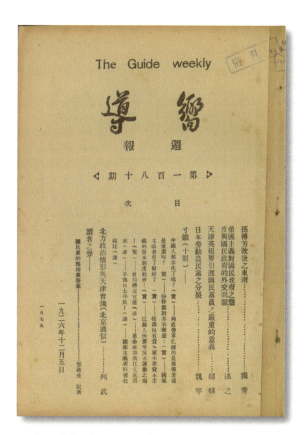

《向导》第 180 期（1926 年 12 月 5 日）

在斯列帕克（共产国际执行委员会东方部原副部长、俄罗斯通讯社驻华记者）和张国焘分别写给维经斯基的信中，也都陈述了党办期刊出版的困难。⑯

总之，与党同时创建的中国共产党的出版事业，在艰难时势中历经三年奋力前行，到"三大"前后，走进了以国共合作为基础的大革命的前夜。

"三大"后的中央出版部

1923年6月，中共第三次全国代表大会在广州召开，大会就国共合作的方针和办法做出了正式决定。从维尔德（共产国际远东书记处原办公室主任）给维经斯基的信中可以看出，共产国际驻华代表马林认为这次代表大会与历次代表大会相比是最成功的一次，他还对新当选的中央委员会给予高度评价，特别称赞了毛泽东和王荷波，称之"无疑是优秀的工作者"⑰。中央委员会由陈独秀、毛泽东、蔡和森、罗章龙、谭平山（后换为王荷波）五人组成中央局，陈独秀为委员长，毛泽东为秘书，罗章龙为会计。然后自1923年7月下旬起，陆续从广州迁回上海。中央局办公地设在闸北香山路（今象山路）公兴路口三曾里内，毛泽东、蔡和森、罗章龙三户人家同寓一幢房子，称为"三户楼"。"三大"以后中央局尚在广州时，毛泽东已经开始以秘书身份协助陈独秀主持日常工作，迄7月下旬入住"三户楼"，则是这一主政时期的上海阶段。⑱

毛泽东主持中央工作时期有哪些重要建树、决策和活动，研究成果已有很多，但是好像还没有专门指出过：中国共产党正式成立以后的第一个出版部，或者更确切点说是第一个以出版部命名的中央专职机构，正是在他参与主持中央工作时期创建的。

这个对既往模式有所修订的叙事，要从党的三大通过的《中国共产党中央执行委员会组织法》说起，这是中共历史上第一部专门就中央组织结构、职权分工与工作制度而制定的组织法规，该法规的开篇第一款写道："中央执行委员会由本党常年大会选出。其一切行动对大会负责，在两大会之间为本党最高指导机关，管理各区各地方之行动，**发行用本党名义之出版物**；并管理派遣做青年，妇女，劳工，农民等工作之职员。"⑲ 请注意笔者用文字加粗的这一句，把直接小理发行本党出版物的任务，提升到与管理各级地方党组织、管理各群众团体中党员并列的本党最高指导机关的三项基本职权之一，这在中共建党历史上还是第一次。通过前文关于三年来特别是"二大"以来的种种记述可知，正是艰难的工作实践和形势的迫切要求，促成年幼的中国共产党把对出版事业的认识和重视，提升到了一个新的历史高度。

有了这个认识，就有了这样表述的法规，接着便有了中共正式成立以后的第一个中央出版部，指导创建这个部门的使命也历史性地落到了以秘书身份协同主持中央日常工作的毛泽东的肩上。略知中共出版历史的人大多知道，毛泽东和李汉俊、李达等人同为中国共产党出版事业的开创人。早在 1920 年 7 月，基本上与陈独秀、李汉俊在上海成立中共第一个出版部同一时间，毛泽东与何叔衡、易礼容、彭璜等就在长沙创办了湖南第一个传播马克思主义和俄国社会主义革命实践的出版发行机关——文化书社，这同时也是中共上海发起组出版物的最得力的推销机构，该书社销售量最大的书刊，如《马克斯资本论入门》《社会主义史》《劳动界》《新青年》等，大多出自上海发起组和出版部。中国共产党正式成立后，文化书社更是大量推销党和青年团的机关刊物，如《向导》《中国青年》《先驱》以及新青年社出版的丛书。文化书社不仅在平江、浏阳、衡阳、邵阳等湖南各地遍立分社，而且影响波及四方，据统计，到 1921 年 3 月底，书社已经与外省近 70 个单位发生了业务往来，从而使湖南成为当时全国销售中国共产党出版物最多的省份之一。同时文化书社自己也编辑出版《工友们》《农友们》《一个士兵的生活》等以工农群众为读者的通俗进步读物。据易礼容回忆，毛泽东不仅担任书社特别交涉员，还亲自编订《社务报告》，甚至参加清账结算工作："有一次，我和毛主席说及社内账目有不清楚的地方。他听了，即约我们把社里四张桌子拼拢起来，大家一道长时间地算了一次账，一文不苟，弄个清白。"⑳ 总之，毛泽东是一位富有实战经验的成功的红色出版发行家，所以由他指导中央出版部的筹建，可谓适得其人。

关于"三大"后筹建中央出版部的具体经过，目前仅能从徐梅坤一则记载过于简略的回忆中稍知一二。徐说，他去广州参加党的第三次代表大会时，中央即和他商量要在上海办一个公开发行机构。1923 年 8 月中旬，已经迁来上海的中央又约他谈话，告知关于《前锋》《新青年》的分工以及马上筹办书店的正式决定，同时又指出负责书店的人不宜由公开的和在党内负责重要职责的同志担任（如作为中共中央候补委员和中共江浙区委书记的徐梅坤就不合适），于是徐梅坤就推荐了正在浙江一所女子师范学校教书的徐白民㉑。据此可知，这件事的策划自广州已经开始，决定和人选酝酿则是在 8 月中旬的上海，即毛泽东已经入住"三户楼"后。

那么，笔者又依据什么提出毛泽东与出版部创建之间的关系呢？在这次谈话约半个月后，1923 年 9 月 6 日，毛泽东在代表中共中央起稿复青年团中央执行委员会的信中，首先告知党中央将派委员长（陈独秀）与秘书（毛泽东）出席第二届青年团中央执行委员会的第一次会议，然后写道："出版物已嘱出版部每期赠送贵会《向导》二份，《前锋》《新青年》各一份。《工人周刊》等请以贵会出版物直接与交换可也。"㉒可见，这时候中共中央已经有了统管这些刊物印行的出版部，而这份毛泽东亲笔撰写的公函，便是中共正式成立后第一个中央出版部成立时间及其正式名称的最直接的文献依据。虽然现在我们已无从考察当时是谁在具体负责这个部门，但公函中既有"已嘱"字样，想必是中央局秘书毛润之亲自交办的。

由随之发生的史实可知，当时"三户楼"的基本策划，就是把苏新甫负责的新青年社同移交瞿秋白主编的《新青年》《前锋》等刊物从广州迁回上海，同时创办一个综合性的公开的出版发行机构，即随后在 11 月正式成立的上海书店，连同已经在上海的《向导》周刊的出版发行，均归中央出版部统一管理。而构成出版部的成员，或者说是内定的人选，大致就是罗章龙回忆中开具的苏新甫、徐白民、顾作之、张伯简、郭景仁这些人。其中苏新甫是陈独秀一向倚重的有经验的老同志，徐白民、顾作之、郭景仁等是徐梅坤推荐，张伯简则是中央局已内定的。同时笔者认为徐梅坤依然是一位不在编制内的重要人物。

9月16日，即写过这封传示出版部已经成立的公函十天以后，毛泽东受中央派遣回到长沙贯彻"三大"决议，亲临指导湘区委筹备国民党湖南地方组织，秘书职务交会计罗章龙兼代（蔡和森则专门负责《向导》的编辑）。所以接下来，9月29日，青年团第二届中央执行委员会举行第一次会议时，是罗章龙替代毛泽东参加了会议。会议产生了团的中央局，由恽代英负责团中央刊物的编辑工作。同样，在毛泽东离开上海以后的出版部叙事里，接替他的也是罗章龙。而且我们今天所了解关于这个部门的一些情况和人事，亦是由罗章龙提供的。

值得注意的是，在紧接而来的1923年10月，同一个月里产生了教育宣传委员会和出版委员会两个有出版职能的部门。如果以《汇编》中罗章龙回忆的叙述顺序，先成立的是教育宣传委员会："教育宣传委员会主管宣传、教育工作。主要是办中央的党报《向导》，后又加办了《中国工人》，并协助国民党办了上海大学，邓中夏任总务。还办了训练班，组织学生出国学习等。我兼管宣传方面的工作。"[23]另有资料记述，该委员会由党中央领导，由党、团协定委派人员共同组成，成立时间是10月5日，以蔡和森、瞿秋白、彭述之、恽代英、高君宇为委员，蔡和森为书记[24]。据1923年10月15日中央向各地党组织颁发的《教育宣传委员会组织法》可知，该委员会下属设计是四部（编辑部、函授部、通讯部、印行部）一馆（图书馆），其中编辑部设两个主任，党、团各派一人，负责编辑《新青年》季刊、《前锋》月刊、《向导》周刊、《党报》（不定期刊）、《青年工人》月刊、《中国青年》周刊、《团镌》（不定期刊），共7种党团报刊和其他图书。其"印行部之职任，在于经理印刷并发行刊物及讲义以至党中团中其他出版品。对于刊物之分配于党或团内者，当于印出后第一批发出。此种内部发行办法首先当有各地方组织之确定人数，按此人数发出后，即向两中央收回书价（由中央再于津贴地方费中扣去）……印行部设主任一人"[25]。这个印行部看起来应该就是原先的出版部。

《中国青年》第一期

　　但是跟着又出现了出版委员会，罗章龙说："中央出版委员会，是一九二三年十月，中央局会议讨论关于党内外出版方针与机构问题时，决议由中共与社会主义青年团中央合组而成立的。由我和徐白民、恽代英、顾琢之、苏新甫等为委员，并指定张伯简、成伟、郭景仁等参加筹议有关出版事项。第一次会议决定统一中共及社会主义青年团出版发行事宜。"㉖

　　对照教育宣传委员会组成人员和出版委员会组成人员两份名单，显然后者和印行部职能一致，也许是原先设计的印行部从教宣委员会分离出来，也许是一套班底，两块牌子。而从建制上讲，其区别则是：印行部是教宣委员会四部一馆的内置设计，但改为党中央与团中央合组的出版委员会，层级上就是直接受党中央领导的职能机构（团中央居协助位次）。同时，"三大"以后的中央出版部负责人，至此明朗化：应为罗章龙以及代表团中央参加的恽代英。在往后的文献资料里，经常可见中央出版部与中央出版委员会两个名称交相使用，原来这种情况从出版部创立初期就已出现。当然，这是一个有待继续探讨的问题。

出版部／出版委员会的成立，迅即开启了党的书刊出版发行事业的新局面。紧跟着便是 11 月 1 日上海书店正式开业，统揽了所有党团书刊的公开发行工作。新青年社迁回上海后专做"新青年丛书"，《新青年》等刊物的印刷发行则移交上海书店。以上海书店为中心的全国书报刊物发行网很快建立起来，徐梅坤负责的《向导》秘密发行亦继续进行。笔者已见到的中共早期出版事业记述和研究，无不推崇上海书店的历史地位和作用，但似乎都未关注到这背后由几件文献史料构成的从决策到实施的顺序链："三大"通过的中共中央《组织法》显示了党对出版发行事业的认识与重视达到了一个新的历史高度；毛泽东亲笔公函见证了中央出版部（出版委员会）的成立；罗章龙关于党的三大的回忆及徐梅坤的回忆，勾画了先有出版部／出版委员会，再有上海书店的进行过程。

徐梅坤向中央推荐的上海书店负责人徐白民的回忆，也印证和丰富了这个过程。徐白民说，他是在暑假后开学还不到一星期时接到钟英（党中央）的快信，叫他即日去沪，有事面谈。赶到上海后，立即去看望随《新青年》《前锋》一起从广州来上海的主编瞿秋白，"并见到中央负责人，知道党要在上海设立一个书店，叫我负筹备和主持的责任"；说自己马上回学校辞职来上海工作，大约经过一个多月，在小北门找到一座店房。又经过一段时间，到 11 月 1 日，上海书店就正式开业了。而"一切筹备工作，主要是由郭景仁同志负责的"。㉗

这里所说与他谈话的"中央负责人"，应该正是兼代毛泽东中央局秘书职务的罗章龙。徐白民写这个回忆的时间约在 1953 年到 1955 年期间，特定的时代背景使他不便写出姓名（或公开发表时不便写出）。而从回忆中几个时间概念推算，恰好是毛泽东刚离开上海或正准备启程时。可以设想如果毛泽东赴湘的时间再往后推迟一周，也许

上海书店旧址

就是毛泽东和瞿秋白一起同他谈话了。此外，那位实际上负责一切筹
备工作的郭景仁同志，经笔者考证来自青年团上海地委，《汇编》中
有1922年入团入党的老同志许德良的回忆，说当时在平民女学开会
活动时，经常遇见郭景仁和他的爱人。而罗章龙回忆中的"顾琢之"，
其实名顾作之，当时正以南市区崇文小学教务主任的身份在南市开展
平民教育活动，同时参与社会主义青年团上海地委组织部工作。另据

徐梅坤称，"三大"过了二三个月，江浙区委进行改组，顾作之也是委员之一㉘。推测他与郭景仁都算是青年团委派参与出版委员会工作，并和徐白民一样，也都是徐梅坤向中央推荐的。上海书店店址的落实，与他对南市的情况较熟悉有关，或许也同平民教育的开展使得党在南市已经有一定的群众基础有关。

笔者认为，既然有这么多资料相互佐证，今后的中央出版部和中共早期出版事业的叙事，应该写上中央出版部的成立和上海书店的筹办，正是在毛泽东参与主持中央工作时期决策和实施的；毛泽东亲笔所写的这纸公函，正是目前所见中国共产党正式成立以后中央出版部名称第一次见诸文献。委员长陈独秀和"三户楼"的其他同志，特别是在毛泽东离开后继续推动这些工作的代理秘书罗章龙、实际上一直在负责出版发行工作的徐梅坤，同样发挥了重要作用。同时，中央出版部成立的时间应该是在 1923 年 8 月或 9 月，而不再是曾经认为的 1924 年。

三届中央扩大会议后的出版部

有了统一管理出版发行的建制，特别是有了上海书店，一度分散动荡的工作逐渐趋向整合。从此党的所有对外宣传刊物都归上海书店造货，但《向导》等仍需另租房子秘密发行，仍旧由徐梅坤主持。广州的新青年社全部结束，苏新甫亲自来沪办理移交所有的存书和各地欠款，同时通过各地方党团组织着手建立以中央出版部／出版委员会为枢纽的由上海辐射全国的书报刊物发行网。

据笔者所见资料，可以从两个视角看到地方党团组织与作为出版发行机关的上海书店之间，有一个出版部／出版委员会的层次存在。

一个视角是，地方党团组织多经过中央与上海书店发生书刊派发或推销关系，甚至所产生的费用也经过中央流转。如 1924 年 1 月青年团九江支部给中央的报告里写道："上海书店，请你们介绍，使他们每期寄《中国青年》十份来九江，报费俟报到后即寄上可也。本月十五号，为李布克那西之纪念日，自应开会纪念，唯九江部分尚未知其历史者，请你们关于此类之书籍出版物寄下少许以便瞻观也。"南昌地委的宣传营销更加得力，在上海入团入党、再由中央派回南昌的赵醒侬和方志敏在南昌市三道桥东湖边上开办了文化书社，与长沙的文化书社、武汉的利群书社等一样，同为上海出版的党团书报刊物的分销机构。他们的报告是"《中国青年》每期约可售八十份上下"㉙。安徽地方组织在1924年4月关于订购的信里写："兹奉上大洋五元，希从中拨三元九角二分与上海书店，作还去年欠《中国青年》书费。望知照该店，仍按期寄来（愈速愈好）五十份，以后一月结算一次。《青年工人》如该店代售，可一并寄下。"㉚

另一个视角是，据后面将要引述的《中共中央出版部通告》，地方党团组织与出版部通信联系的地址，与他们和中央进行通信联系的是同一个地址。笔者认为，这些资料大概可以说明出版部／出版委员会或是作为中央局的内置部门，或是作为党团共同领导的联合机构而存在，相关事宜乃至经费，均由这个机构处理并批转归它管理的上海书店实施。

1924年1月20日至30日，中国国民党第一次全国代表大会在广州举行，孙中山提出了"联俄、联共、扶助农工"三大革命政策，对三民主义做出新的解释。李大钊、毛泽东、谭平山等十人当选中央执行委员或候补执行委员，毛泽东还被任命为宣传部代理部长，第一次国共合作正式形成。大会结束，毛泽东即由中共中央委派，从广州回到上海，虽然仍与罗章龙、蔡和森同寓"三户楼"㉛，但常去坐班的地方却是法租界环龙路44号国民党上海执行部，兼任该执行部秘书处文书科主任和组织部秘书。同时罗章龙、恽代英这两个中央出版委员会的负责人以及邓中夏、瞿秋白、王荷波、向警予、韩觉民、刘伯伦、杨之华、张秋人、李立三等许多中共重要干部，也多在环龙路执行部任职或参加工作，罗章龙任执行部组织部指导干事，恽代英任执行部宣传部秘书，施存统、沈泽民任宣传指导干事，以至环龙路44号有"群英会"之誉。当年2月在上海召开的中共三届二次会议还作出这样的议决："本党以后一切宣传，出版，人民组织，及其他实际运动，凡关于国民革命的，均应用国民党名义，归为国民党的工作。此因一可减省人力财力，二可使国民党易于发展，三可使各种努力的声势与功效比较扩大，而且集中。"㉜这么多精英投入，自然宏图大展，"上海执行部积极创办革命刊物，组建宣传委员会，以国共合作、新三民主义和反帝反封建为主要内容，开展全方位的革命宣传工作"。㉝

推测这种提法层层落实，对于推动"全方位的革命宣传工作"肯定有益，也能实现"一可减省人力财力"的效果，许多经费都可以从执行部开支，有些书可以直接给经济实力更强的国民党的上海民智书局去出版了。由恽代英、向警予、刘重民、侯绍裘、董亦湘、杨贤江、沈雁冰等人组成的执行部教育运动委员会，甚至策划让国民党中央拨款在上海民智书局内增设编辑局。事实上民智书局确已成为出版发行革命书刊的重要机构，各地党团组织多有同时向上海书店和民智书局洽购的。《毛泽东年谱》也记载他在 1924 年 3 月 16 日亲自为长沙文化书社配书事给上海民智书局写信。维经斯基在共产国际执委会东方部主任拉斯科尔尼科夫的信中，也说《向导》编辑部虽然还处于地下，但最近刊物已公开发行，它利用一家报纸的地址，可以收到读者的来信㉞，大概说的就是国民党中央的机关报《民国日报》。

当年 5 月，党在上海召开三届中央扩大会议，又提出了要注意纠正忽视党自身建设发展的倾向，决议规定"中央的各部之中应当特别注意宣传部和工农部"，并必须设一编辑委员会。作为这个决议精神的贯彻，毛泽东任组织部部长，罗章龙任宣传部部长和教育宣传委员会书记，王荷波为工农部部长，蔡和森任中央机关报编辑委员会主任，同时又重新成立了出版部，由洪鸿（即张伯简）任书记㉟。笔者推测，原先中央出版委员会（或中央教育宣传委员会印行部）从未正式取消过，如前引安徽地方党组织在 1924 年 4 月接洽求购书刊事宜，仍然是经过中央转知上海书店。不过既然三届二次会议决定宣传出版工作多以国民党的名义去做，党独立领导和经营出版发行事业的姿态难免融入汹涌澎湃的国共合作和大革命洪流中。所以我们在徐白民关于上海书店的回忆里，在徐梅坤有关《向导》周报发行的回忆里，也就难以发现关于这个层级的进一步介绍了。就目前所见资料，这个重组的出版部也不完全是此前党团协定委员组成的中央出版委员会，重组的是中共中央的出版部。

说到张伯简任职出版部，1924年9月17日，曾有过一封中共中央给青年团中央局的复函。该信回答团中央"来示质问三点"，第一点是告因为和森（蔡和森）同志患病，在病愈以前现推德隆（项英）同志出席团中央会议。第三点是刘仁静工作问题。第二点即关于张伯简："C. P. 中央自有自由调遣其党员之权；至张伯简同志应否改在 C. P. 中局长期作事，俟稍后决定了，自当通知 S. Y. 中局变更前议，但现时并未正式决定。"㊱。据此推测，当时还在苏联东方大学学习的张伯简，已经被中央考虑调回国内到中央局"长期作事"，而且就是作为主持出版发行工作的理想人选来考虑的。但是在此之前，也曾经有过派在团中央工作的设想（1922年旅欧少年共产党在巴黎正式成立时，张伯简当选中央执行委员会组织委员），即信中所谓"前议"，因此引出青年团中央闻讯后质问，而党中央则断然告以"C. P. 中央自有自由调遣其党员之权"！然后，前引罗章龙回忆，1923年10月中央出版委员会成立时，即"指定张伯简、成伟、郭景仁等参加筹议有关出版事项"。看来这就是正式决定了。不过团中央舍不得人才放走，后来仍指定他参加青年团第三次全国代表大会的筹备工作，并选为中央候补委员，相继代理农工部主任和非基督教部主任。

还有必要厘清的是张伯简到职出版部的具体时间。有关传记称是"1924年秋，张伯简取道西伯利亚回到上海，开始在中共中央宣传部工作"㊲。郑超麟回忆他是1924年7月底便从莫斯科动身回国，路上费时，特别是在海参崴候船耽搁了一个多月，才于9月抵达上海，而张伯简"比我先到上海二个多月"。此外，中共驻共产国际代表团的文件里存有一封《张伯简给东方大学同志的信》，内容为报告刚结束的中共四大和青年团三大以及一年来国内政治状况和党的政治运动的经过，日期是1925年2月5日。张伯简的这封信的第一句就是："我回国已经半年多了但是还未曾和你们通一次信，这固然是因为工作的太忙。"㊳ "半年多"或是六七个月的概数，由1925年2月5日前推六七个月，笔者认为张伯简很可能在1924年的7月（甚至6月）便到上海了。正是这位早在去年就已内定的人选终于来到，促成了中央出版部的再建及其任命。

对此，还可以《汇编》中徐梅坤的回忆参证。徐说："出版发行《向导》的工作，我干了大约两年时间，以后有一个叫张伯简的湖南青年帮助我工作，他是个知识分子。我离开《向导》以后，由张伯简接替我的工作。"㊴《向导》在 1922 年 9 月发刊，"干了大约两年时间"的徐梅坤或在 1924 年六七月，或七八月间，向已经协助他工作了一段时间的张伯简办理移交。而出版部的正式成立，也应该是在张伯简已经熟悉与印刷发行有关的各种关联之后（党团刊物的秘密造货、仓储、发行，原先都由徐梅坤负责），大致就是徐梅坤向其办清移交之时。

张伯简不负中央期望，一上任便就全面推进党的报刊宣传发行事业，向各地方党组织发起动员和调查。目前可见第一号《中共中央出版部通告》是 1924 年 11 月 6 日签发的。据这个发给各区委各地委的通告可知，在此之前，中央发过一个第二十号通告，内有组织各地方出版部的要求，笔者推测该二十号通告也同时发布了已任命张伯简为中央出版部书记的决定。这个中央出版部所发出的第一个通告的内容，是要求各区委、地委及时告知落实中央第二十号通告的情况，并尽快就《向导》《新青年》《中国工人》等中央出版物的赠阅情况与效果调查，以及这些出版物在当地的销售、如何定价，还有能否找到免费或廉价刊登《向导》广告的地方等一系列具体问题，给予回复。通告最后是告知今后地方党组织与中央出版部联系的方式："中央出版部通信处与中央同。各地以后寄出版部信件时，用双信封，外面照中央信写法，内信封批明交出版部字样。"通告署名是"C. P. 中央出版部书记 Honhon"。这个"Honhon"正是张伯简的笔名（洪鸿或红鸿）。还有一个《中共中央出版部通告第四号》，发布时间为 1925 年 1 月 18 日，署名也是"书记 Honhon"㊵。

张伯简任书记时期的中央出版部究竟签发出多少文件，笔者无考。但短短两个多月时间就有一到四号通告，约见"三把火"烧得还是挺兴旺的。

第四次代表大会以后的中央出版部

1925年1月，党的四大在上海召开，通过的《对于组织问题之议决案》依然重视出版发行工作，提出"设立一能够普遍地传布党的印刷品之机关"，继续在中央设置出版部，仍由张伯简为书记。④

五卅运动中瞿秋白主编《热血日报》，有关出版印刷这些事还是张伯简负责，由徐梅坤配合办理。也许因为是中央对他另有任命吧，《中国共产党组织史资料》这样写道："（1925年）5月，中央局进行调整，增选向警予（女）为中央委员、中央局委员。同时设立妇女部和出版部"；又在机构人事表中写："出版部主任蔡和森（1925.5—1925.10）。"④ "四大"产生的中央机构，彭述之是中央宣传部主任，蔡和森、瞿秋白为宣传部委员，则蔡和森是兼出版部主任。时任宣传部秘书的郑超麟回忆，6月初蔡和森曾去北京西山疗养，彭述之病在医院，瞿秋白只管写文章，故张伯简离开后，实际上是他在继续编辑《向导》的同时，又接替了张的工作。

1925年9月至10月，四届中央扩大会议召开，会后蔡和森奉中央指示赴莫斯科，担任中共驻共产国际代表团团长。此次会议形成的《组织问题议决案》里，我们看见这样的记述："党员既然增加，下次大会必须相当的扩大中央委员会，现在中央的各部：组织、宣传、妇女及分配科、出版科等，应当有确定的组织，他们相互之关系也要明确的规定。"④ 然后，在中央发给各省委的通知里写道："各省委的出版分配股，应与中央的出版科发生直接的关系，对于中央的刊物收发均须有系统的发行。"④

看上去这些文件与前引中共组织史资料中关于出版部主任蔡和森任期的记载正相符合，似乎蔡和森离任后，出版部名称不复存在，代之以分配科、出版科等名目。但很快有了下文，中共党史人物研究会编写的《毛泽民传》称："一九二五年，毛泽民从广州农讲所学习结业后，被调到上海任中共中央出版发行部经理并主持上海书店的工作。"④ 钱希均《回忆毛泽民同志在天津》也追述："一九二五年，党调他（毛泽民）到上海，负责中央出版发行部的工作。"⑩ 还有更具体的记述是："一九二五年冬，毛泽民同志抵达上海。当时党中央为了广泛宣传马列主义，统一领导全国发行党的刊物和内部读物工作，决定成立出版发行部，并要毛泽民同志担任出版发行部经理的职务。"⑪ 此外，郑超麟说，他 1924 年 9 月底回国时，上海书店已经有了，"印刷和发行的业务归张伯简负责"，"到了五卅运动以后，党发展了，中央另外设立了一个发行处，由毛泽民负责"⑫。倘若以 1925 年 9 月罢工工人基本复工作为"五卅运动以后"的时间概念，这个说法也为毛泽民来沪参加中央出版部工作的时间提供了佐证。但是徐白民的回忆与此略有出入，他把中央"又成立了专人负责的一个秘密发行所"并"派毛泽民同志负责"的叙事时间安排在 1926 年。⑬ 那么也存在这个出版发行部是在 1925 年冬至 1926 年春这一段时期重建的可能。不过这些也还是仅仅是根据各种资料和文献所拟，究竟这些"出版部""分配科""出版科""出版发行部""发行处""发行所"等相互间的关系，还有待进一步考辨。

毛泽民是中共出版发行史上继张伯简之后又一位重要人物，任职时间最长、贡献卓著，也是中央出版部的代表性人物。就笔者目前所见资料，中央出版部书记这个职务名称只有张伯简一人用过，而中央出版发行部经理这个职务名称也只有毛泽民一人用过。

其后，中央出版发行部也进入了典制记载：据《谁主沉浮：中国共产党第四次全国代表大会》一书的《中共四大后中共中央工作机关的重要变动》表列，"中共中央出版发行部（亦称中央出版委员会，驻上海）；部长王若飞兼"⑭，王若飞以中央秘书长（一说秘书部主任）兼中央出版发行部部长。关于中央秘书部设立以及王若飞任职秘书部主任（或秘书长）的具体时间，历来有多种不同说法，所以他兼任中央出版部部长的具体时间也有辨析的空间。但有一点可以判定，即至少在 1926 年 1 月中央作出设立秘书部的决定以前，王若飞还在河南，这时的出版发行部就是毛泽民以经理身份在负责。

其实"中共中央出版发行部亦称中央出版委员会"这个表述，也可以琢磨。笔者发现了这个中央出版委员会曾发过文件的线索：1926

年 11 月底，中共上海区执行委员会组织部和共青团上海区执行委员会组织部联名给其管辖的上海、江苏、浙江及安徽津浦铁路沿线地区的所有党、团组织发出一个通知，主题是"沪区大中两校出版分配科，根据大中两校中央出版委员会通告，及使实际的工作便利起见，决定从一月一日起合并"㊿。即根据中共中央和共青团中央的出版委员会通告，党团上海区委的两个出版分配（发行）部门也将从第二年 1 月 1 日起正式合并。此文件既印证了四届中央扩大会议以后的中央工作机构中确有出版发行部门，又传示了 1926 年约 11 月时这个机构曾与团中央出版部门合并为中央出版委员会。这次合并，可以说是复制了中共三大以后党中央团中央合组出版委员会的建置。

在以后的相关话语里，"中央出版部""中央出版局"乃至"中央出版委员会"等名称不时混用。如毛齐华《大革命时期党的地下印刷厂》记述，1926 年秋，"党中央出版局为了加强对印刷厂的领导，出版局负责人王若飞、毛泽民、彭礼和到工厂来参加了有两厂各部负责人出席的民主会，听取意见"㊿。可知在他印象里出版部也称"出版局"（有可能是把"五大"后该机构的改名用到之前了），也可推测后来的中央出版委员会的构成，如毛泽民、彭礼和可能均为出版委员会成员。

综上所述，"四大"以后中央出版部的沿革大致为：1925 年 1 月"四大"后，中央局设出版部，书记张伯简；1925 年 5 月中央局调整后，设出版部，主任蔡和森；1925 年至 1926 年期间，中央设出版发行部，部长王若飞兼，经理毛泽民。1926 年 11 月，党中央与团中央合组中央出版委员会。

以上关于"四大"以后中央出版机构的沿革、名称和人事更替，主要根据是已经公开出版的中共中央文件、革命历史档案、《中国共产党组织史资料》、中国共产党历届代表大会丛书和相关人士的回忆录等资料。但是笔者注意到，作为 20 年代中后期中央出版工作重要参与人的老同志郑超麟先生，在其关于中央出版部沿革的回忆中，有一个分量不小的话语，即出版部是党的五大以后才设置的。他在《回忆中央出版局》一文中写道："中国共产党中央五大（按：即 1927 年 4 月）以前未设出版局，一切有关出版事宜都是中央宣传部做的。中央宣传部一建立我就担任秘书，刊物、书等的编辑、印刷、发行等事务都由我掌握。当时并无出版局的机构和名称，编辑是我直接负责的；印刷厂和发行处经济上向中央秘书处报告，工作上则向我报告。印刷厂经理是倪忧天同志，发行处的负责人是毛泽民同志。中央宣传部迁去武汉后，我调湖北地方工作，同时中央宣传部业务扩大，五大以后的新中央于是开始设立一个出版局。"[53] 虽然这个说法并不影响出版部的实际存在，因为从毛泽东亲拟的公函，到张伯简以出版部书记身份签署的两个文件，已经确凿无疑地证明了在"三大"以后就有了中央出版部，而且中共党史人物研究会编写的《张伯简传》和中共剑川县委员会编写的《云南少数民族共产主义运动的先驱张伯简》传记，都有 1924 年"张伯简担任党中央出版部书记"的记录[54]。 但是为什么郑超麟实际上在参与负责出版发行工作的同时，却始终不知道有一个出版部或出版委员会的机构存在呢？

　　笔者以为一个原因是记忆有偏失。郑超麟是老布尔什维克，学问渊博，而且特具实事求是的宝贵品质，他对中共早期历史许多重要事件和人物的回忆，全凭个人亲历亲见亲闻，当然也囿于个人见解的观感，但从不因袭陈说套语，更不存在任何因逢迎或避忌的曲笔虚辞，所以他关于中共早期出版发行活动的回忆，特别珍贵。唯其个人旨趣似乎在思想理论和路线方面的探索与思考，对建制形式和文书系统这些，也许不甚关注。比如他曾一直认为自己是《布尔塞维克》编辑委员会的主编，并把这个印象写进了回忆录。直到几十年后有人给他看了当时中央关于成立《布尔塞维克》编辑委员会并以瞿秋白为主任的一个决议（郑超麟是委员之一），才恍悟这个决议自己应该看到过，只因为这个委员会仅仅是形式的，所以便忘记了[55]。也许"四大"以后的出版部或出版委员会建制也存在相似情形（毕竟实体运作的是印刷厂、发行处和他本人在做的编辑发稿校对等工作），所以没进入他的记忆，正如后文将要写到的，甚至他被正式任命为中央出版局负责人后，依然没有对这个"形式"

给予关注，认为这与他在四一二反革命政变之前分管这个工作时一样，不必要另设一个出版局机构。设想，如果他在几十年后因有人提问而撰写《回忆中央出版局》时，看到这些以中央出版部、中央出版委员会名义发出的通告、通知等文件，大概也会因有恍悟而启动记忆之阀，从而提供更多的资料⑤。

第五次代表大会以后的中央出版部

党中央和团中央合组的出版委员会运作未久，国民革命军就在中共领导的上海工人第三次武装起义的配合下，攻占了上海。共产党人在一定程度上公开活动，出版发行工作形势大好，参与这些工作的郑超麟来到"我们新开的书店里，帮着毛泽民照料生意"。但是风云突变，四一二反革命政变发生了，党中央从上海撤到武汉，自党的三大以来一直在上海坚持斗争的出版部也随之迁汉。4月27日至5月9日，中共第五次全国代表大会在武汉召开，王若飞虽然是大会秘书处主任，却未能当选中央委员，不再担任秘书长，也没安排工作，中央出版发行部则易名中央出版局。

中共五大后中央出版局的设置、沿革和人事，有多种记述，互有出入和补充，有必要引述一下。

邹锡明《中共中央机构沿革实录》：

> 党的五大后，中共中央的机构得到了进一步的调整和健全……中央出版局由张太雷任局长。8月9日，八七会议选举的新的中央临时政治局召开第一次会议，决定郑超麟为中央出版局局长。9月15日，中共中央决定成立中央出版委员会。⑤

中共武汉市委党史办公室、武汉市文物管理处《一九二七年中共中央机关由上海迁武汉的经过及在汉情况》：

五大后，党中央还在武汉成立了中央出版局，先是张太雷担任局长，后由汪原放接任。[58]

《中国共产党组织史资料（1921—1997）》：

八七会议后，政治局会议决定在常委会下设中央出版局，亦名出版委员会，成员为郑超麟、毛泽民、彭礼和、倪忧天和共青团一人（姓名失考）。9月底至10月初中央出版委员会随中央迁回上海。11月，中央决定撤销组织、宣传、军事、妇女、农委等各部委，在政治局常委会之下分设职工运动委员会、党报委员会、秘书处和组织局，组织局下分设文书、交通、会计、组织、宣传、调查、出版分配（发行）、军事、特务等科和妇女运动委员会，出版委员会易名出版分配科，科长郑超麟（1927.11—1928.6）。[59]

难得的是郑超麟和汪原放两个当事人也有回忆。郑超麟的回忆是，中央迁到武汉后：

宣传部业务扩大，五大以后的新中央于是开始设立一个出版局，第一任局长是汪原放。似乎尚未设立机构，就因形势改变，汪原放调了其他工作，把局长职务交给毛泽民。八七会议后，我回到中央来，中央决议任命我为出版局（局）长。但当时白色恐怖已经开始，无法进行出版工作了，九月间我随中央迁回上海，主持中央机关报编辑工作，建立《布尔塞维克》编辑部，兼作中央宣传部工作。我有出版局（局）长名义，做的仍旧是去武汉前的工作，即听取发行处负责人毛泽民和印刷厂经理彭礼和的汇报，因此不必要另设一个出版局机构。我1928年底离开《布尔塞维克》编辑部，就不知道以后的事情了。[60]

汪原放曾于1970年写过《我的经历》：

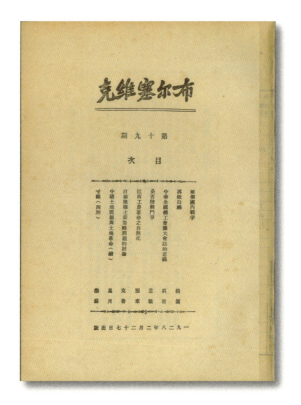

《布尔塞维克》第 19 期（1928 年 2 月 27 日）

"七一五"发生前，党要我把手上所有的工作都交给毛泽民同志接手，是董先生、乔年、泽民兄和我四人面交清楚⑥。

所谓"手上所有的工作"，就是中央出版局局长和《民国日报》营业部主任，在他 1983 年发表的《回忆亚东图书馆》一书中有更详细的回忆，也可参看。《汇编》里有一篇中共上海区执行委员会候补委员、妇女运动委员会主任丁郁的回忆，说她 1928 年底在莫斯科东方大学结业后，奉派回国，从哈尔滨乘船抵上海后，因与同伴失散，失去与组织的联系，就住到同学汪协如家里，"汪协如的哥哥汪原放原是亚东图书馆党支部书记，后在武汉党中央出版局工作，大革命失败后回到亚东。我就请他留意，如有党组织的同志来亚东图书馆，设法与之联系。过了两个月，党组织有同志到亚东来，接上了关系"⑫。这是一条汪原放回到上海后依旧与党组织有联系的资料。

以上引述，各不相同，但除了《中国共产党组织史资料》，其他四种都称中央出版局是"五大"以后设立而非八七会议以后，汪原放的回忆，具体到办公地点和印章，看来无疑。综合各种记述，"五大"后至"六大"召开以前的中央出版机构，从武汉到上海，大致经历过中央出版局、中央出版委员会、中央出版分配（发行）科等几次易名。此外，据编者标明是"一九二七年八月七日中央紧急会议通过"的《党的组织问题议决案》称："中央临时政治局应当按期出版秘密的党的政治机关报，而传播于全国。机关报之党报委员会，由政治局委任之。政治局之下应设一特别的出版委员会，专掌传播党的机关报及中央一切宣传品的责任。"⑬ 既然如此，那么邹锡明《中共中央机构沿革实录》所写"9月15日，中共中央决定成立中央出版委员会"未知何据。倒是《中国共产党组织史资料》所写"八七会议后，政治局会议决定在常委会下设中央出版局，亦名出版委员会"更切合这个文件。

从四一二反革命政变后出版部迁出上海，到八七会议在武汉召开，短短三个多月时间，出版部从王若飞到张太雷、汪原放、毛泽民、郑超麟，共换了五任部长／局长。郑超麟接手时，原局长毛泽民已被派回湖南从事农民运动。郑说当时武汉的形势是"反动潮渐渐高涨了，我们的出版机构已经瘫痪。三个机关在我管理底下：长江书店，印刷厂和一家纸行。长江书店已经关了门，印刷厂和纸行都有麻烦问题难得解决"，所以他的工作就是"将把纸行结束了，把印刷厂机器装箱，准备送回上海去，同时遣散了经理和工人"⑭。这时中央机关已决定迁回上海。

9月20日前后，郑超麟随瞿秋白乘船启程。告别五个月后，中央出版部回到了它的诞生地上海，从此又在这个城市走过整整八年的风雨历程。

上海的政治环境与工作条件已今非昔比，郑超麟回忆他在宣传部工作，同时"还管理一个印刷厂和一个发行所。印刷厂是原在上海的，发行所即是长江书店从汉口搬来的。汉口搬来的印刷机器尚存在海关未曾取出，后来好久才由几个同志集资开了一个营业用的印刷厂"。他感觉内部情况也不佳，"初迁回上海期间是个混乱时间：理论上、组织上、人与人关系上都是混乱的"⑥。而他的主要精力必须投注在创办和主持《布尔塞维克》以及中央宣传部的工作上。因此，中央又把正在长沙从事地下工作的毛泽民调回上海，继续任出版发行部经理。据当时同在出版发行部工作的毛泽民夫人钱希均回忆，毛泽民回沪任职的时间是 1927 年 11 月，"我们出版发行部机关设在闸北（北火车站路南）北新里的一条弄堂里"⑥。

就在毛泽民重返上海前后，11 月 14 日，在沪举行的中共中央临时政治局扩大会议通过了《最近组织问题的重要任务决议案》，会后改组了中央机构，原先的中央组织部、宣传部、军事部、妇女部和农民运动委员会等全部取消，改为在常委之下设中央组织局统一处理中央日常工作，罗亦农任主任，下设文书科、交通科、会计科、组织科、宣传科、调查科、军事科、特务科、妇女运动委员会等，中央出版局也成为组织局之下的中央出版分配科。郑超麟从局长变为科长。按照 12 月 1 日发出的《中央通告第十七号》阐释，这叫"废止设部制度，集权于常委（小区集权于区委）。组织宣传改为科，为纯粹技术机关"⑥。

第六次代表大会以后的出版部

1928 年 6 月 18 日至 7 月 11 日，中国共产党第六次全国代表大会在莫斯科举行。大会议决的《宣传工作的目前任务》中，强调"无论如何必须组织每日出版的销行全中国的工农报纸"，要"发行大批政治书籍"，"发行马克思，恩格思，斯达林，布哈林及其他马克思主义，列宁主义领袖的重要著作"⑥。7 月 20 日，六届中央政治局第一次会议决定了中央机构的设置和分工，曾经被归入组织局下的宣传、组织、军事、妇委等部门仍旧独立设置，出版分配科恢复中央出版发行部名称，部长为李子英⑥。8 月 11 日，中央发出《中央通告第六十二号》，主题是目前党的根本策略与政治宣传鼓动，其第五款写道："对于中央刊物和书报的推销，必须遵照中央发行部的通告，切实办理，使中央刊物和书报不仅达到党员中，并且达到群众中去。"⑩似乎又称发行部，并且也可以单独用机构名义发布通告。

关于李子英，"共产国际、联共（布）与中国革命档案资料丛书"第 10 卷中有名字出现：1931 年 3 月 2 日，共产国际远东局代表雷利斯基同中央宣传部部长沈泽民及张闻天等人谈话，其中讨论了党的报刊发行工作。谈话结束时雷利斯基提议"卜次会议将在下周举行，吸收领导党的书报发行工作的同志参加"。"同志"后有个俄文原注"李子英"。同卷的人物索引有："李子英（生卒年不详）——1931 年任中共中央考察团团长、中共中央出版发行部负责人。"⑪《汇编》里有曾经在出版部印刷厂工作的毛远耀、胡觉民的回忆，回忆中多次述及李子英。

1928 年约春夏时，毛泽民领导的秘密印刷厂曾经遇险，因其机智应对，终得将资财安全转移。然后奉中央之命在年内将机器设备打包后秘密运出，率队伍到天津创办印刷厂。随其同往的钱希均回忆："当时泽民同志不仅直接领导印刷厂的工作，而且还继续负责党在全国的出版发行工作。"他和钱希均安家在天津海大道小白楼先农里 24 号，"这里也是中央出版发行部的一个秘密机关"⑫。对照《中央通告第六十二号》里中央发行部发文及其他资料记载，推知该部本部仍在上海，天津则是发行部在北方的行署。

值得一说的是笔者看到毛泽民 1930 年从天津发回上海的几个报告，都是直接写给中央，而非部长李子英，似乎这个经理也直接对中央负责。由报告还可知当时"人亚兄这个同志"也在天津和毛泽民一起工作，他还向中央称"我的工作可由人亚担任，的确他比我适宜些"⑬。这位"人亚"兄，笔者推断就是后来在苏区中央局任中央出版局局长兼代中央印刷局局长的张人亚，但现在所见学林出版社《张人亚传》只写他是中华苏维埃政府出版掌门人，未有他曾与毛泽民一起工作的记述，建议考实补上。

1931 年初，毛泽民奉命从天津撤回上海。就在他到达前后，中共六届四中全会在上海举行。1 月 27 日通过的《中央政治局关于党报的决议》里说："应当在中央、省委、区委成立发行部（或科）管理整个发行网的工作"，并称由"党中央发行部负领导、监督并统计全国的发行工作。中央党报的印刷事宜由中央发行部管理"⑭。综合"应当成立"的语气和其他资料，这像是一个新成立的机构，同时据《中国共产党组织史资料》关于六届四中全会后中央工作机构的记载："出版部（1931.2）负责人 罗绮园（易元，1931.2— ）"⑮。

这有些令人挠头，一方面，这与前文所引"共产国际、联共（布）与中国革命档案资料丛书"的俄文原注及人名索引关于 1931 年 3 月时李子英仍是出版部部长的记载，看似有些矛盾；另一方面，在毛远耀等出版部属下印刷厂工作人员的回忆里，都说毛泽民去苏区后，出版部是李子英负责；李子英被捕后，继续负责出版部的是于益之⑯，从来没有提及罗绮园。这也见得笔者在前文辨析郑超麟先生关于中央出版局回忆时提出的，涉及中共前期历史上出版部门的建制、职能、结构和运作方式的极其复杂性，拟留待续考中推敲。

不过，除了《中国共产党组织史资料》记载罗绮园曾任出版部负责人，《汇编》里似乎也有间接的佐证：30 年代初在社联党团工作的王学文回忆说，当时中央发行部出过一个刊物叫《书报评论》，由柯柏年主编，柯柏年、林伯修和他都在这个杂志上写文章反对"托派"和其他错误观点，杂志可以印三千本，影响还不错，未销完的秘密存放。但是"有一次中央发行部的负责人被捕后叛变，供出了创造社的藏书地点，这些杂志全部被没收"了⑰。笔者所见资料中明确既是出版发行部负责人又"被捕后叛变"者，似乎没有。若有，要么就是这个罗绮园了。另外，在有关罗绮园的传记资料里也有他曾任出版部负责人的记述⑱。

这里似有几个时间节点可注意：第一是钱希均回忆，"1931 年 1 月，中央来电要泽民回上海工作。泽民和我才离津赴沪"⑲；第二是据当时也在毛泽民领导下办印刷厂的钱之光回忆，毛泽民是在端阳节后离开上海的⑳，那么就是 1931 年 6 月 20 日以后；第三是罗绮园被捕时间为 1931 年 7 月 25 日；第四就是毛远耀、胡觉民回忆中李子英来领导他们的时间，大抵也是这个时候。是否可能如"共产国际、联共（布）与中国革命档案资料丛书"的人名索引所记述，1931 年时李子英率领中共中央考察团去苏联之际，适值四中全会后调整中央工作机构期间，正在

《红旗》编委会的罗绮园便被安排为出版部负责人了，但时间不会很长，至迟在毛泽民离开上海前后向李子英移交了，所以他的被捕叛变，并未殃及钱之光、杜延庆、毛远耀等人各自所在的下属单位。在秘密工作环境中，上层的人事情况，基层工作的同志未必都知道。当然这完全是想把资料理顺以圆其说的一种主观推测，很可能不是事实。

《印刷职工运动史料》第一辑中收有一篇毛远耀、胡觉民写于1983年11月的回忆，其中讲到约1931年冬季，出版部以"李子英公馆"形式租赁王家沙花园路一号洋楼，在里面开办秘密排字厂，然后引述："据李子英同志回忆说：'我们的公馆马路对过（指门对户）就是巡捕房侦探长住的地方，我们是在他的鼻子下建立了秘密排字厂。'"㉛从语气看好像李子英还写过回忆录，但笔者未能找到，尚祈知情者赐教。

暂且绕过李子英、罗绮园之辨，先看六届四中全会后重组的中央出版部，很快就制定了新的工作计划，1931年3月5日通过的《中共中央关于建立全国发行工作决议案》这样写道："中央常委认为最近成立的中央出版部所指出全国发行工作的缺点和建立全国发行网的计划是正确的，责成出版部按照这种计划去切实执行。1. 在全国各种重要中心区域建立完成发行路线，使中央各种出版物能按期依照计划中规定的数目送达各处，各处出版物能按时送中央及彼此互相交换。2. 建立对苏区发行工作，供给以党的和非党的各种重要书籍刊物。3. 建立巡视制度，经由中央巡视员或出版部自派的巡视员调查某一省区的发行工作，纠正其错误，并指示其发行工作的布置方针。具体发行计划由出版部每月制定，由中央常委批准执行。"㉜

罗绮园大概是最后一个见之《中国共产党组织史资料》或其他中央机构沿革专著记载的出版部负责人。笔者从《汇编》里看到罗绮园或李子英之后，下一位出版部负责人于益之。《汇编》中，于益之又名于昆，据毛远耀、胡觉民的回忆，于益之和他们接头是1933年，即党中央迁出上海以后，那么他就是上海中央局出版部的第一任负责人。同一篇回忆又称"1935年2月上海党组织受到大破坏，于益之也被捕了。整个排厂、印厂、发行部门都失去了与上级的联系"。高文华《关于上海地下党工作的几点回忆》称，于益之在 1930 年或 1931 年时就已经在出版发行部工作了，高文华与他有工作联系。其后笔者又查到于沪生的《忆父亲于益之》，得知于昆应为于鲲，曾进过黄埔军校第四期，原任东江特委军委书记兼红四师参谋长，1928 年底因作战负伤，调至上海党中央特科，负责掩护秘密电台，后又调任党中央出版发行部部长兼中央组织部干事，1934 年春被捕入狱^㉝。

《汇编》里有张沈川回忆《我党地下无线电通讯工作的创建情况》，能提供 1930 年于昆夫妇保护电台的资料；有袁孟超回忆《一九三三年中共江苏省委的一些情况》，能提供 1933 年于昆在中央局组织部的情况。所以说《汇编》真是各地党史研究部门都应该重视的资料宝库。另外，全国解放后，于益之在全国政协工作，1978 年去世，所以于沪生关于父亲 1934 年春被捕入狱的说法应出自益之本人，那么他的出版部负责人任期就应该是到 1934 年春。

于益之被捕后，谁继任上海中央局出版部负责人？据早在大革命时期就在出版部印刷系统工作的杜延庆回忆，丁益之以后，直到 1935 年 2 月，"领导印刷厂的上级党的领导人叫张合，广东人"；杜延庆的部下赵锡群在 1943 年写的《我的经历》中，说老张是"出版部部长"^㉞。《汇编》中毛远耀、胡觉民的回忆里，对广东老张（张合）的记述更详，原先也是归于益之领导，像是出版部里分工管理造货系统的。可能是在于益之被捕后提拔为部领导了。毛、胡又称"杜延庆的上级领导人"是在 1935 年 7 月最后一次大破坏中被捕的，那么张合的任期就是到 1935 年 7 月。张合是真名还是化名，中央局安排他继任于益之的具体情况，都有待进一步考证，笔者也期待知情人赐教。

1933 年初，中央政治局也撤出了上海，中央出版部改隶上海中央局领导。上海中央局前后三届的组织机构基本上相仿，所属工作机构都有出版部。第一届上海中央局由李竹声、黄文容、盛忠亮、黄文杰组成，分工情况是出版部归组织部长黄文容联系。黄文容被捕后，由盛忠亮接管其分工。1934 年 6 月李竹声被捕后，盛忠亮接任中央局书记，基本上保持了原有机构。1934 年 10 月盛忠亮被捕后，黄文杰接任书记，出版部由宣传部部长朱镜我联系[85]。1935 年 2 月，中央局再次遭到敌人大破坏，黄文杰、朱镜我和文委的田汉、阳翰笙、许涤新悉数被捕，关进法租界总巡捕房，再悄悄解赴南京。接着是刘仲华接任中央局负责人，浦化人任宣传部长，推测出版部由浦化人联系。1935 年 7 月 22 日，上海中央局、江苏省委第三次遭到破坏，浦化人也被逮捕并解往南京。

关于 1935 年三次大破坏及与出版部的关系，从 1932 年起进入出版部工作的王均予在 1964 年曾有专门回忆："一九三五年二月，上海的党中央机关遭受破坏。五月又遭大破坏，影响到出版部，我的行动很不方便了。组织要我隐蔽下来。以后，党组织通知我，拟调我到天津工作，并要我把在上海从事党内外发行工作的情况写成《发行小册子》。一九三五年七月，党组织机关又遭到第三次大破坏。由于种种原因我没有办法去天津，领导下令暂时停止活动。中央出版部负责人杜延庆同志叫王平通知我说：'这次组织机关受破坏太严重了，各人要找关系隐蔽起来，出版部停止工作。'"[86] 这样，我们根据《汇编》里当事人提供亲历性回忆，可知 1931 年以后的出版部负责人先后是于益之、张合，最后一任是杜延庆。

1935 年 5 月 31 日，长征途中的中共中央在泸定县城召集负责人会议，决定派陈云去上海恢复白区党组织。8 月，已经由重庆秘密抵沪的陈云，"经章秋阳与在中共上海临时中央局机关工作的杨之华、何实嗣取得联系，了解到上海地下党组织遭受破坏的情况"[87]。杨之华即瞿秋白的夫人，在上海中央局组织部任职，据她回忆，获知秋白被捕后，杜延庆和她一起忙着寻找铺保营救，虽然通过浦化人找到了铺保，但终于因秋白身份暴露而未能成功[88]。何实嗣即中共一大代表何叔衡的女儿，也是杜延庆的夫人，当时与杜延庆同在上海中央局出版部工作。

令人称幸的是，尽管上海中央局在短短半年时间内接连遭受三次大破坏，但是出版部系统的同志和资财几乎都安全地保存了下来。也正是得益于此，中央能在第一时间 "了解到上海地下党组织遭受破坏的情况"，并及时做出结束上海中央局的决定。然后，这些保全下来的同志通过工作中积累的联系，分头走上了新的岗位。

结　语

以上仅是根据《上海党史资料汇编》的丰富资讯及其提供的线索，通过史料文献梳理，对 1920 年至 1935 年中共中央在上海设置出版部的起讫沿革做一个概观。但是这个过程中还存在不少空白和困惑，包括出版部在中央的隶属、层位、职能、结构，与其他部委间的关系，以及它所经营的图书报刊的印务和发行活动，特别是这些活动和各地党组织的呼应互动，也多有待填补和辨析。笔者期待能在进一步考索中有所收获。

（本文作者为上海书店出版社原编辑室主任）

注:

① 如许力以主编《中国出版百科全书》就有这种叙事模式简明完整的表述：中共中央出版部是“1924 年至 1930 年中共中央设立于上海的领

导出版发行工作的机关。该部以上海书店作为公开的出版发行机构，出版了一大批传播马列主义思想的出版物。1927年蒋介石叛变革命，上海的共产党人遭到屠杀、逮捕。中央出版发行部坚持出版发行阵地，以浦江书店、无产阶级书店、华兴书局等名义继续出书，通过公开的或秘密的渠道将宣传革命的书刊发往各地。30年代初，出版发行部撤销，毛泽民等同志转移到中央苏区工作"。（《中国出版百科全书》，书海出版社1997年版，第580页）《上海出版志》关于这段历史的叙述则是：华兴书局于"1931年被查封后，曾用春阳书店、启阳书店、浦江书店等名义出版图书"（《上海出版志》编纂委员会编，上海社会科学院出版社2001年版，第245页），吴永贵著《民国出版史》基本引述《上海出版志》原文（福建人民出版社2011年版，第546页）。相比之下，杨卫民、叶再生对中央出版部在沪活动的追踪要深入得多。杨卫民在《摩登上海的红色革命传播——中共出版人在上海的社会生活实践（1920—1937）》中写道："1931年2月罗绮园任中央出版部负责人。7月25日，罗绮园、杨匏安等23人被捕，于益之（于昆）继任中央出版部负责人。"（上海大学出版社2015年版，第102页）叶再生《中国近代现代出版通史》第二卷中的叙述更为谨慎："1931年2月间，中共中央又成立了中央出版部""1933年1月，中共临时中央局被迫从上海迁入中央苏区……原中央出版部的情况尚不清楚"（华文出版社2002年版，第878页）。但是这两部专著能够给出的关于中央出版部的确切存续时间都未能跨越1931年，也没有更详细的记述。

② 郑超麟：《回忆中央出版局》，宋原放主编：《中国出版史料》（现代部分）第一卷下册，山东教育出版社、湖北教育出版社2001年版，第303页。

③ 前引叶再生《中国近代现代出版通史》是目前笔者所见对中共中央出版部叙述最多的专著，但远未涉及这些问题。刘苏华《四大至五大时期中共中央出版组织机构考察》［《长沙理工大学学报（社会科学版）》第27卷第5期（2012年9月）］的研究时限则仅及党的四大至五大时期。

④《维经斯基给俄共（布）中央西伯利亚局东方民族处的信》，中共中央党史研究室第一研究部译：《联共（布）、共产国际与中国国民革

命运动（1920—1925）》，"共产国际、联共（布）与中国革命档案资料丛书"第一卷，北京图书馆出版社1997年版，第31—35页。另一种译文为"这段时间以来，我在此地的工作总结如下：在上海建立一个五人组成的革命委员会（其中四位是中国革命者，加上我）。委员会有三个处：1. 出版处；2. 情报鼓动处；3. 组织处。出版处现在已经有自己的印刷厂"，并把工会中央局译为"工会的中央委员会"（中共一大会址纪念馆编：《中共首次亮相国际政治舞台（档案资料集）》上海人民出版社2016年版，第29—33页）。

⑤《张太雷向共产国际远东书记处的报告摘录》，中国社会科学院现代史研究室、共青团中央青运史研究室编：《青年共产国际与中国青年运动》，中国青年出版社1985年版。

⑥ 李丹阳、刘建一：《"革命局"辨析》，中共一大会址纪念馆编：《中国共产党创建史研究文集》（2002—2012），上海人民出版社，2013年版。

⑦ 任武雄：《再谈关于上海革命局的成员问题》，中共一大会址纪念馆、上海革命历史博物馆筹备处编：《上海革命史资料与研究》（第9辑），上海古籍出版社2009年版。

⑧ 包惠僧：《回忆老渔阳里二号》，中共上海市委党史研究室编：《上海党史资料汇编》（全九册），上海书店出版社2018年版，第1册，第18页；以下该书引录称《汇编》及册数页次，余略。

⑨ 中央档案馆编：《中共中央文件选集》第一册（一九二一—一九二五），中共中央党校出版社，1989年8月版，第6页。

⑩ 包惠僧：《回忆老渔阳里六号》，《汇编》第1册，第21页。

⑪ 李达：《回忆党的早期活动》，《汇编》第1册第2页；李达：《回忆老渔阳里二号和党的"一大""二大"》，同书第15页。

⑫ 王华、田子渝：《新青年社历史之考察》，《中共党史研究》2015年第10期，第66页。

⑬ 徐梅坤：《回忆〈向导〉的出版发行》，《汇编》第1册，第50页。

⑭《中局报告》，中央档案馆编：《中共中央文件选集》第一册（一九二一—一九二五），中共中央党校出版社1989年版，第186页。

⑮ 葛萨廖夫：《中国共产党的初期革命活动》，原刊中共中央宣传部党史资料室编：《党史资料》1953年第7期，转引自中共中央党史研究室、

中央档案馆编：《中国共产党第三次全国代表大会档案文献选编》，中共党史出版社 2015 年版，第 196 页。

⑯《斯列帕克给维经斯基的信》，中共中央党史研究室第一研究部译：《联共（布）、共产国际与中国国民革命运动（1920～1925）》，"共产国际、联共（布）与中国革命档案资料丛书"第一卷，北京图书馆出版社 1997 年版，第 316 页；《张国焘给维经斯基、穆辛的信》，中共中央党史研究室、中央档案馆编：《中国共产党第三次全国代表大会档案文献选编》，中共党史出版社 2014 年版，第 92 页。

⑰《维尔德给维经斯基的信》，中共中央党史研究室第一研究部译：《联共（布）、共产国际与中国国民革命运动（1920—1925）》，"共产国际、联共（布）与中国革命档案资料丛书"第一卷，北京图书馆出版社 1997 年版，第 263 页。

⑱郑超麟回忆共产国际打算撤换陈独秀而另外物色接班人时说："毛泽东也有资格争取总书记的位置"，可是"他不留在武汉活动，而是去湖南调查农民运动，让别人去争夺这个位置"（《怀旧集》，东方出版社 1995 年版，第 22 页）。这个看法的依据就包括毛泽东不仅是党的创建人之一，还很早就主持过中央的工作。

⑲中央档案馆编：《〈中共中央文件选集〉第一册（一九二一—一九二五）》，中共中央党校出版社 1989 年版，第 156 页。

⑳易礼容：《回忆长沙文化书社》，新华书店总店编：《书店工作史料第一辑》，1979 年版，第 9 页。

㉑徐白民：《上海书店回忆录》附《徐行之同志的回忆》。张静庐辑注：《中国近现代出版史料甲编》，上海书店出版社 2011 年版，第 67 页。

㉒《钟英致社会主义青年团中央委员会信——决定委员长与秘书为出席团中央会议之代表及交换刊物问题》，团中央青运史研究室中央档案馆编：《中共中央青年运动文件选编（一九二一年七月—一九四九年九月）》，中国青年出版社 1988 年版，第 16 页。

㉓罗章龙：《中国共产党第三次全国代表大会和第一次国共合作》，《汇编》第 1 册，第 67 页。

㉔邹锡明编：《中共中央机构沿革实录》，中国档案出版社 1998 年版，第 9 页。

㉕《钟英致各区、地方和小组同志信——颁发教育宣传委员会组织法

（一九二三年十月十五日）》附《教育宣传委员会组织法（一九二三年十月）》，中国社会科学院新闻研究所编：《中国共产党新闻工作文件汇编》上卷，新华出版社1980年版，第9页。

㉖ 罗章龙：《中国共产党第三次全国代表大会和第一次国共合作》，《汇编》第1册，第71页。

㉗ 徐白民：《上海书店回忆录》，张静庐辑注：《中国近现代出版史料甲编》，上海书店出版社2011年版，第61—66页。

㉘ 许德良：《关于早期上海地方党内部的一些情况》，《汇编》第1册第81页。《嘉兴早期党的事业的开拓者——顾作之传略》，中共嘉兴市委党史研究室、嘉兴市档案局编：《南湖魂——嘉兴党史人物传续集》，浙江大学出版社2005年版。徐梅坤：《江浙区委成立前后的片断回忆》，《汇编》第1册，第87页。

㉙ 《团九江支部关于第三次会议各项议决案给团中央的报告（一九二四年一月）》《赵兴隆致团中央执行委员会信——关于寒假临时委员会组成与刊物销售情况（一九二四年一月九日）》，中央档案馆、江西省档案馆编：《江西革命历史文件汇集1923—1926年》，1986年版，第51—54页。

㉚ 《江常师、贾斯干为订购书刊给刘仁静、邓中夏的信》（一九二四年四月十七日），中央档案馆、安徽省档案馆编：《安徽革命历史文件汇集》第一册，1987年版，第128页。

㉛ 同年6月端午节前后，杨开慧和母亲带毛岸英、毛岸青来上海后，毛泽东与家人转徙公共租界慕尔鸣路甲秀里（今威海路583弄）居住。

㉜ 《同志们在国民党工作及态度决议案（一九二四年二月）》，中央档案馆编：《〈中共中央文件选集〉第一册（一九二一—一九二五）》，中共中央党校出版社1989年版，第225页。

㉝ 中共上海市委党史研究室编：《环龙群英会：国民党上海执行部》，上海人民出版社2017年版，第10页。

㉞ 《维经斯基给拉斯科尔尼科夫的信》，中共中央党史研究室第一研究部译：《联共（布）、共产国际与中国国民革命运动（1920—1925）》，"共产国际、联共（布）与中国革命档案资料丛书"第一卷，北京图书馆出版社1997年版，第560页。

㉟ 中共中央组织部、中共中央党史研究室、中央档案馆：《中国共产党组织

史资料（1921 — 1997）》第一卷，中共党史出版社2000年版，第41页。

㊱《钟英致社会主义青年团中央局信（一九二三年九月十七日）》，团中央青运史研究室、中央档案馆编：《中共中央青年运动文件选编（一九二一年七月—一九四九年九月）》，中国青年出版社1988年版，第17页。

㊲《张伯简》，中共党史人物研究会编：《中共党史人物传》第三十八卷，陕西人民出版社1988年版，第129页。

㊳中共中央党史研究室，中央档案馆编：《中国共产党第四次全国代表大会档案文献选编》，中共党史出版社2014年版，第75 — 76页。

㊴徐梅坤：《回忆〈向导〉的出版发行》，《汇编》第1册，第52页。文中"湖南青年"想系"云南"笔误。

㊵《中共中央出版部通告第一号——要各地报告〈向导〉〈新青年〉等发行推销情况（一九二四年十一月六日）》，中国社会科学院新闻研究所编：《中国共产党新闻工作文件汇编》上卷，新华出版社1980年版，第16 — 17页、第22页。

㊶张智丹主编：《谁主沉浮：中国共产党第四次全国代表大会》（中国共产党历届代表大会丛书），河北人民出版社2012年版，第99页。

㊷中共中央组织部、中共中央党史研究室、中央档案馆：《中国共产党组织史资料（1921 — 1997）》第一卷，中共党史出版社，2000年版，第41 — 43页。另据《中共党史人物传》第三十八卷《张伯简》（陕西人民出版社1988年版，第132页）记，五卅运动爆发后张伯简被派到上海总工会工作，后又调往广州，任中共广东区委执行委员、军委书记，同时负责指导《工人之路》的编辑出版工作。。

㊸中央档案馆编：《中共中央文件选集》第一册（一九二一—一九二五），中共中央党校出版社1989年版，第473页。

㊹《中共中央通告第二十二号——关于出版分配的（一九二五年十二月十三日）》，中国社会科学院新闻研究所编：《中国共产党新闻工作文件汇编》上卷，新华出版社1980年版，第27页。

㊺中共党史人物研究会编：《中共党史人物传》，陕西人民出版社1983年版，第50页。

㊻天津市政协文史资料委员会编：《天津文史资料》第十九辑，天津人民出版社1982年版，第34页。

㊼ 韶山毛泽东同志旧居陈列馆：《毛泽民同志和上海书店》，新华书店总店编：《书店工作史料》第一辑，1979 年版，第 16 页。

㊽ 郑超麟口述，郑晓方整理：《记上海书店》，《出版史料》1991 年第 4 期，第 45 — 46 页。

㊾ 徐白民：《上海书店回忆录》，《出版史料》1994 年第 4 期，第 46 — 48 页。

㊿ 张智丹主编：《谁主沉浮：中国共产党第四次全国代表大会》（中国共产党历届代表大会丛书），河北人民出版社 2012 年版，第 103 页。

㉛ 《沪区大中学组织部致大中学地方、部委、独支信——关于沪大中两校出版分配科合并的通知(一九二六年十一月三十一日)》，中央档案馆、上海市档案馆《上海革命历史文件汇集》（中共上海区委宣传部组织部等文件）(一九二五年八月—一九二七年四月)，1988 年 4 月印刷。

㉜ 《汇编》第 1 册，第 106 页。

㉝ 宋原放主编：《中国出版史料》（现代部分）第一卷下册，山东教育出版社、湖北教育出版社 2001 年版，第 303 页。原载《新闻出版史料征集简报》1988 年 10 月 7 日。

㉞ 中共云南省委党史资料征集委员会编：《张伯简文辑》（云南党史研究资料第一辑），云南民族出版社 1987 年版，第 143 页。

㉟ 郑超麟：《怀旧集》，东方出版社 1995 年版，第 27 页，并参见《郑超麟回忆录》，第 157 页。

㊱ 《回忆中央出版局》原载《新闻出版史料征集简报》1988 年 10 月 7 日，张伯简签署的中央出版部通告原载 1980 年出版的《中国共产党新闻工作文件汇编》，但他未必看见。中共上海区委组织部的通知则要到 1988 年内部出版发行。

㊲ 邹锡明编：《中共中央机构沿革实录》，中国档案出版社 1998 年版，第 17 — 22 页。

㊳ 中共武汉党史办公室、武汉市文物管理处：《一九二七年中共中央机关由上海迁武汉的经过及在汉情况》，中共中央党史资料征集委员会：《中共党史资料》第 21 辑，中共党史资料出版社，第 122 页。参见丁郁：《我在博文女学、上海大学等校的经历以及赴苏前后的活动》，《汇编》第 1 册，第 159 页。

㊴ 中共中央组织部、中共中央党史研究室、中央档案馆：《中国共产党组织史资料（1921 — 1997）》第二卷，中共党史出版社 2000 年版，

第 70 页。

⑥ 郑超麟：《回忆中央出版局》，宋原放主编：《中国出版史料》（现代部分）第一卷下册，山东教育出版社、湖北教育出版社 2001 年版，第 303 页。

⑥ 汪原放：《我的经历》，汪无奇编著：《亚东六录》，黄山书社 2013 年版，第 24 页。

⑥ 汪原放：《回忆亚东图书馆》，学林出版社 1983 年版，第 116 — 128 页。

⑥ 《党的组织问题议决案（一九二七年八月七日中央紧急会议通过）》，《中共中央文件选集》第 3 册（1927），中共中央党校出版社 1989 年版，第 302 页。

⑥ 《郑超麟回忆录》（一九一九—一九三一），现代史料编刊社 1989 年版，第 152 — 153 页。

⑥ 《郑超麟回忆录》（一九一九—一九三一），现代史料编刊社 1989 年版，第 157 页。

⑥ 钱希均：《从岳麓山下到西北边陲》，舒龙主编：《毛泽民》，军事科学出版社 1996 版，第 24 页。

⑥ 中央档案馆编：《中共中央文件选集》第三册（一九二七），中共中央党校出版社 1989 年版，第 536 — 537 页。

⑥ 中央档案馆编：《中共中央文件选集》第四册（一九二八），中共中央党校出版社 1989 年版，第 418 — 420 页。

⑥ 邹锡明编：《中共中央机构沿革实录》，中国档案出版社 1998 年版，第 24 页。

⑦ 中央档案馆编：《中共中央文件选集》第四册（一九二八），中共中央党校出版社 1989 年版，第 470 页。

⑦ 中共中央党史研究室第一研究部译：《雷利斯基同沈泽民、张闻天和赵容谈话记录》，"共产国际、联共（布）与中国革命档案资料丛书"第十卷，中央文献出版社 2002 年版，第 1164 页、第 382 页。

⑦ 钱希均：《回忆毛泽民同志在天津》，天津市政协文史资料委员会编：《天津史资料》第十九辑，天津人民出版社 1982 年版，第 37 — 38 页。

⑦ 《顺直省委报告印字第七号——关于印刷厂营业不振原因及向中央的请示（一九三〇年五月十五日）》，中央档案馆、河北省档案馆：《河北革命历史文件》甲第五册，1992 版，第 305 — 312 页。

⑭ 中共中央组织部、中共中央党史研究室、中央档案馆编：《中国共产党组织史资料（1921－1997）》第八卷《文献选编》（上），中共党史出版社2000年版，第377－378页。

⑮ 中共中央组织部、中共中央党史研究室、中央档案馆编：《中国共产党组织史资料（1921－1997）》第二卷，中共党史出版社2000年版，第85页。

⑯ 毛远耀、胡觉民：《天津、上海秘密印刷厂的情况》，上海市新四军历史研究会印刷印钞组、上海市轻工业局党校政治教研室、上海中医学院马列主义教研室编：《印刷职工运动资料》第二辑（1985年），第27页。

⑰ 王学文：《三十年代上海文化战线的一些斗争情况》，《汇编》第3册，第570－571页。

⑱ 李庆刚：《罗绮园其人其事》，全国政协文史资料研究委员会：《纵横》2009年第2期。

⑲ 钱希均：《从岳麓山下到西北边陲》，舒龙主编：《毛泽民》，军事科学出版社1996年版，第26页。

⑳ 钱之光：《油墨飘香——党中央在上海的秘密印刷厂》，全国政协文史资料研究委员会：《纵横》1985年第2期。

㉑ 毛远耀、胡觉民：《天津、上海秘密印刷厂的情况》，上海市新四军历史研究会印刷印钞组、上海市轻工业局党校政治教研室、上海中医学院马列主义教研室编：《印刷职工运动资料》第二辑（1985年），第27页。

㉒ 中国社会科学院新闻研究所编：《〈中国共产党新闻工作文件汇编〉上卷（1921－1949）》，新华出版社1980年版，第74页。

㉓ 湖南省绥宁县政协文史资料研究委员会编：《绥宁县文史资料》第二辑，1987年7月。参见戴中翔、银彩英：《邵阳党史集萃（党史人物）》，广西人民出版社1992年版，第166页。

㉔ 杜延庆、何实嗣：《关于世德里地下印刷厂的情况》，上海市新四军历史研究会印刷印钞组、上海市轻工业局党校政治教研室、上海中医学院马列主义教研室编：《印刷职工运动资料》第二辑（1985年），第18页，赵锡群的记述见同书第37页。

㉕ 沈忆琴、薛森荣、宋祖彰：《关于一九三三年建立的上海中央局的一

些情况》，《党史资料丛刊》1985 年第 1 辑。

⑧⑥ 王均予：《忆我在中央出版部的工作》，《汇编》第 2 册，第 171 页。

⑧⑦ 中共中央文献研究室编：《陈云年谱》上卷，中央文献出版社 2006 年
版，第 188 页。

⑧⑧ 杨之华：《忆秋白》，人民文学出版社 1981 年版，第 222 页。原文
将"浦化人"误作"秦化人"。

李公朴与《生活》周刊

高　明

李公朴（1902—1946），江苏武进人，中国民主同盟早期的领导人，杰出的社会教育家。1924 年考入上海沪江大学。1928 年，位于美国俄勒冈州波特兰的立德大学（Reed College，又称黎德大学，今译为里德学院）为了培养基督教青年会（Y.M.C.A）的工作人员，给中国留学生设有奖学金名额，条件是必须从事过社会工作并是基督徒。沪江大学校长刘湛恩认为李公朴符合这些条件，推荐他参加了考试，并被录取，攻

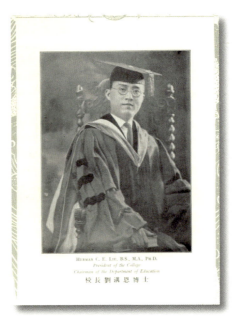

沪江大学校长刘湛恩（《沪江戊辰年刊》）

赴美途中的李公朴

读政治系市政学。①

　　李公朴赴美前夕，在上海与邹韬奋相识。1928 年 8 月，李公朴乘邮轮赴美国留学，一边读书一边劳动的间隙，为《生活》周刊提供稿件，从第 3 卷 50 期（1928 年 10 月 28 日）开始连载第一篇"美国通讯"《直渡太平洋》，一直到第 6 卷 5 期（1931 年 1 月 24 日）的《中国参加比国博览会之教训》，两年时间，李公朴一共为《生活》周刊撰写了 35 篇通讯，约 4 万字，其中有多篇还配发了新闻照片。

　　《生活》周刊中的"海外（国外）通讯"栏目主要是向国内读者介绍他们"闻所未闻或知之其少而又喜闻乐见"的海外各地见闻，内容包括东西各国政治、经济、文化和社会生活状况等。"美国通讯"是"国外通讯"栏目的首篇刊载。该栏设置目的在于"一则可以藉此略悉各国最近情形，也许可以由此稍明世界大势；二则也许可以供我国社会参考或比较。对于个人修养方面，亦可以扩大胸襟，放远眼光"，"无非藉此使得我国同胞有所比较而谋奋发，或明其流弊而力谋避免"。② 《生活》周刊的海外通讯员就有数十人，先后刊载过英、法、美、日、德、比利时、墨西哥、意大利及南洋各国特约通讯员的专稿。③ 栏目撰稿者多为留学生，有留学日本的徐玉文、殷木强；留学比利时的凌其翰（寄寒）；留学英国的费福熊（费巩）、程沧波、欧阳格；留学美国的李公朴、庄泽宣、邹恩泳、刘湛恩、江文汉；留学德国的王光祈、张近芬、吕炯；留学法国的章渊若、秦国献、章徽言、曹师昂等。

"美国通讯"中的美国形象

李公朴来自深受内部动乱与外部入侵之患的中国，怀着强烈的民族危亡的紧迫感和改造中国的使命感，渴望为国家、为民族找到一条解救之路。所以，李公朴"美国通讯"④ 的记录视阈是双重的，既包含了对美国的观察和思考，也包含着中国人对自身国家的审视和要求，是对美国历史、现实社会生活、社会制度等的观察和思考，与韬奋的《萍踪忆语》这些融现实描绘与主观阐释于一体的作品，成为国人获取美国知识和信息的重要媒介之一。

物质文明发达与贫富悬殊共存

李公朴对美国科学的进步、机器的利用、物质文明的发达持肯定的态度，对美国人重视个人价值、做工的精神（《做工的校长和男女师生》）、法律严格完备（《上了轨道》）、国人文明礼貌（《学府造成的环境》）、重视娱乐（《五分钟的狂热与一夜的高兴》）等方面都非常赞赏。他曾经提及："论起美国人之生活状况，就一般的情形看来，可说已日趋简单化、娱乐化、个人化、社会化，各人努力在各人职业上求成功，谋将来舒适之生活，最少限度亦能以维持现状之生活需要。"（《启人深思》）李公朴希望中国一旦走向和平，开始建设之后，也会以美国为榜样进行发展。"适当的娱乐也是增加吾人精神思想体力的一种要素"，"提倡高尚的娱乐固亦未可忽视"。（《望尘莫及的浓厚兴味》）20 世纪 20 年代的美国，不仅汽车

《她急得似乎要飞上天去！》（《生活》周刊 4 卷 10 期）

已经非常普及，而且政府大力提倡商业飞机："我遇见几个每天开汽车来学校上课的女同学，我同她们谈起开汽车来，她们都不约而同的说：'开汽车不稀奇！我希望有机会学开飞机呢！'"（《她急得似乎要飞上天去！》）

美国是世界上最有钱的国家，1929 年末，经济危机爆发后受到的打击也最沉重，很多普通人由此陷入了灾难的深渊。李公朴认识到"美国之富，并不是普遍人民之富庶"。虽然若仅在城市中看看，那就只见汽车比中国的黄包车还要多，街上虽然时常看得见有工人样子的人，但不容易看出一两个一望而知像上海随处可见的黄包车夫那样生活维艰的人。但是如果到各大工厂去调查调查多数工人的生活以及乡下多数种田农人的生活情形，就可以看出仍有多数人民在经济压迫之下，过不足以养家活口的生活。根据他的调查，美国每一小家庭每月约需 150 元金洋之收入，方可过普通的生活，但现在美国工人的平均收入则只在 90 元左右，农田雇工之平均收入适等工厂工人之半数，还有 120 万靠做工吃饭的失业工人。针对这一现象，他指出，是因为美国的人民程度与政府组织，"虽然比中国要好得多，然其政府之大权与政策，实际上仍在资本地主的掌握之中"，所以"美国的政府是受资产阶级所操纵的"（《值得我们注意的顾虑》），对美国社会的观察颇为深刻。

教育制度的先进

李公朴认为学校是改善社会环境之策源地。他走进咖啡店、水果店、理发所，也在筑路工人中调查，得知从业人员有半数是受过中学教育的，小半数是小学教育或中学未读完，因生活而废学的，另外有十分之二是大学毕业的。"一个最要紧之点，就是虽一个筑路工人，他都受过八年的小学教育，有看报写信等普通常识。"政府及社会团体也会多方设法给这些工人获得较高知识的机会，如组织工人演讲会、工人短期讲学所等，"请大学教授及专门人才用极浅显的语言，解释一切普通的政治、经济、社会及人生问题，使这班失学的工人都能明了种种专门知识的大概情形"。（《筑路工人与八年教育》）

李公朴在斯坦福大学考察时，则感受到了大学作为培植青年学养之所，可以因势善导，潜移默化，使之耳濡目染，间接地成为改善社会环境的策源地，认为中国学校也要强调学校风气的建设，以此成为来日社会习尚之先导。（《学府造成的环境》）而且，美国女子的教育走在世界的前列，"女子有职业而经济独立者，则到处皆可看得出来。各戏馆之招待员、卖票，几乎变成女子之专利品，至各商店各吃食店中则无不有近半数之女职员。大学毕业之女子则多半做较负责任的事物"，认为女性地位的增强值得中国借鉴。（《有了面包以后》）

种族歧视——美国社会不平等的切面

    种族歧视是美国社会迄今最为难堪的社会伤疤。李公朴记录了在美黄种人受到的不公正待遇。中国仍然是非常落后的国家，这也导致了在海外中国人地位的低下。这一点李公朴感触尤深。"国家地位之高下，国势之强弱，与个人之关系，到了这种地方就格外看出他的密切程度。"李公朴暑假去阿拉斯加州的捕鱼厂打工，鱼厂有 100 多个工人，来自多个国家，30 多名白人工人虽然有一半未受过教育，也仅说浅俗之英语，但他们却无不自视为世界上最文明的人物。而日本工人，一方面对白人很客气，但对其他国工人却傲慢异常。中国人和日本人虽同为黄皮肤，但其他国工人对中国工人明显不像对日本工人那么客气，"彼此对待之心理完全以各人之种族在世界上所站地位之高下为缩影"。（《工余见闻与感想》）

李公朴（右）在鱼类加工厂做工时与
日本工友在海滨游泳后合影（《李公朴》）

这种情况其实在美国是普遍现象。当时中国工人在美国的地位江河日下，受到当地工人的排斥虐待，却未能得到政府的保护，所以地位不仅在日本人之下，甚至连菲律宾人也日益凌驾其上。(《在美的中国人地位》)

美国大选——政治制度弊端一瞥

美国总统选举制度是对美国社会政治生活中影响最大的制度，同时由于美国是当时世界的头号强国，四年一度的美国总统选举也成为各国知识分子强烈关注的政治活动。李公朴认为美国的政治制度有值得学习的地方，"以美国论，联邦政府对内对外制度与政策之改良和变动，地方政府对市政制度与建设之计划，有很多是完全根据人民团体之研究与建议的结果"，民治国家"需要人民中领袖分子时时用在野的旁观的见解，去研究讨论"。(《启人深思》)但李公朴也清醒地认识到美国在制度上面的种种弊端。李公朴不仅注意收听竞选演说，还到选举场所观看投票，并访问各方面不同职业、不同观点的投票人，对美国选举制度做了深刻的分析，美国"人民在政治方面仍为两党操纵一切，在选举之前，则允许将来如当选后，定做这样或实行那样，待选举期一过，得政权者之一党，仍照己意而行使职权，其对于彼所允许之政策事件，大多数都敷衍过去，人民亦无如之何"，"各州政府职员及市长之选举，仍多为政党所把持，多数人民对大张选票之人氏，十分之九不知其经过历史与为人，选举时圈圈罢了"，至于"各州政府等机关内所用之职员，庸碌之辈则仍过半数，仅谋生活而已"。所以，他认为"以美国人民之程度，其政治内容尚如此之不完全，于此可知民治之实现，良非容易之事"。而且"两党此次竞选之用费，民主党则五百万美金，共和党则逾六百万美金。两党此次选举所费若合华币竟达二千二百余万元之巨，其费用之大亦良足骇人也。至其款之来源，则大多数为希望某党当选之商人所捐助，此则足耐人寻味之点矣"。将美国两党制的金钱操纵本质彻底揭露了出来。(《美国普通人民对选举总统之态度》)

李公朴把西方的社会问题和政治问题联系起来，不否认美国物质文明的发达，但是他能透过现象看到本质，不"扬善隐恶"，而是据事直书，带给读者全面的观察。他发现了资本主义国家触目惊心的贫困和尖锐的贫富对立，看到了资本主义垂死和腐朽的一面，这正是批判资本主义、否定资产阶级民主的依据。

"美国通讯"的历史意义

近代史上，美国在中国的对外关系中占据着重要地位，中美关系的变化也影响着世界大势。中国知识分子的美国观几乎无法回避两种相向而又相悖的取向：民族独立与国家主权的完整和中国的现代化。这两种取向的共生与冲突，形成了中国知识分子美国观的基本构架。从清王朝中的有识之士到现代政党政治中的知识人士，中国政治生活中的知识分子都以二元取向解构或整合着自己的美国观。[5]

晚清以降，《初使泰西记》（志刚著）、《欧美环游记》（张德彝著）、《西学东渐记》（容闳著）等是留美幼童和晚清外交官记录的美国形象。这些早期的旅美见闻的述评，今天看来是相当肤浅的，而且有不少谬误甚至可笑之论。但是它们在当时都起了打开眼界的作用。这些作者不限于猎奇式地记述异国风土人情，也涉及政治、社会情况，指点江山，评论得失，还自觉或不自觉地与中国作对比。不论作者身份如何，原来思想如何保守，亲身到美国（当然也包括欧洲）看过之后，总在不同程度上承认别人之长，对自己有所启发。[6] 20世纪二三十年代的美国不仅被视为现代中国转型的榜样，还成为评价当时中国政体与社会现状的标准，进而成为反思、批判、重估中国传统价值的参照系。[7] 借异国风景抒发个人政治情怀、国家理想，将游记作为政治论坛，针砭时弊，以美国为参照，提出国家建设的方略，是民国时期游记的归宿。邹韬奋在《萍踪忆语》中说："我们研究美国，从美国是一个资本主义发达到最高度的代表型的国家看去，从国际的形势看去，从太平洋的风云看去，都有它的重要的意义；就是从中国取长去短的立场看去，也很有它的重要的意义。"[8]

李公朴认为中国的问题主要是来自于自己，"帝国主义的压迫不足畏，最可畏者是我们自己先若一盘散沙，没有团结力来振兴内政，抵御外侮，予敌人以可乘之机，有如摧枯拉朽，无不随手而倒"。（《中山先生是给谁气死的》）他通过表层看到内层，透过"繁荣""文明"的表象，他看到了贫富悬殊、少数人压迫剥削多数人，由此造成资本主义的天堂、劳动人民的地狱的本质。李公朴记录美国形象的文字对今天的我们了解美国、处理中美关系还是具有重要的借鉴意义。

1. 李公朴指出资产阶级的民主有着极其虚伪、黑暗和不美满的一面，同时又认为和半封建半殖民地的旧中国相比，美国还是民主得多。揭露资本主义社会制度下许多极端不合理的现象，得出它必然会被美好的、合理的社会制度所代替的正确结论，同时又肯定它在科学技术、文化教育和发展生产力方面所获得的巨大成就，认为它的注意管理方法和讲究工作效率等具体措施很值得借鉴。"模仿别人的文化，是先鉴别他的好坏，然后再将他与自己固有的优点来合起来，造成一更完美的文化，更健全的制度。"（《食而不化》）这样记录的美国形象必然更有利于关照中国现实，从而有利于解决中国自身的问题。

2. 中美关系在维护世界稳定方面具有重要意义，中美之间的相互了解是两国正常交往的重要前提。100 年前李公朴对于中美关系的表述至今仍然值得深思："美国与日本，与中国地理有远近之不同，及其本国经济、外交政策之互异，所以对中国之态度随之大异。中国有全国统一的中央政府，则与美国有利益；如果中国各省为军阀所割据，全国陷于混乱中之情形，是则为日本人所希冀也。"如何处理好中美关系，李公朴犀利地提出要让美国人民了解中国的历史文化，"现在最少是可值得吾人注意者，就是多介绍有英文译本的国学书籍与一切研究中国问题之著作到美国各大学校与各城市图书馆去，使彼邦人士可随时得有研究明白中国历史文化现状之机会"，这是"甚应提倡之事件"。"当此中美关系日行密切之秋，尽力介绍有价值之英译国学与问题之书籍，同时并鼓励国内外学者多尽力于翻译工作，以应需要，实为不可缓之事。"（《十二分津津有味的神情》）让美国人民真切地了解中国的历史、当下现实的中国，亦是处理好中美关系的不二法门。

结　语

韬奋在《萍踪忆语》结尾写道："中国必有光明的前途"，"不过这光明的前途不会自己来的，必须我们共同努力，促成它的实现"。⑨李公朴也说"对国家民族前途的福利问题当万众一心，排除意气，消灭私见，同向一个救国的大目标，朝前奔进"。（《亲爱精诚》）李公朴与邹韬奋的人生观价值观相同，因此在美学习、工作、考察、写作的目的趋于一致。

他们从美国回国后，都走上了抗日救国的道路，参加了救国会，后

1935 年 8 月 27 日，李公朴（左二）与张仲实（左一）、艾寒松（左三）、沈粹缜（左五）等到码头迎接韬奋（左六）（《韬奋画传》）

来同为救国会"七君子"之一，为建立抗日民族统一战线作出了重大的贡献，他们为中华民族的解放和建立一个民主、自由、富强的新中国奋斗了一生，均为"100位为新中国成立作出突出贡献的英雄模范人物"之一。

【本文是常州大学2017年度"周有光语言文化学术研究项目"（ZYG001701ZD）阶段性成果】

（本文作者为上海社会科学院图书馆副研究馆员）

注：

① 周天度、孙彩霞：《李公朴传》，群言出版社2002年版，第14页。

② 韬奋：《免得误购后悔》，《生活》周刊第4卷51期（1929年11月17日），《生活》周刊合订本第4册，人民出版社1980年影印本，第392、393页。

③ 赵文：《〈生活〉周刊（1925-1933）与城市平民文化》，上海三联书店2010年版，第60页。

④ 以下本文所引用"美国通讯"（《李公朴文集》，群言出版社2012年版）正文内容时，只注明篇次，不再注明出处。

⑤ 张济顺：《中国知识分子的美国观》，复旦大学出版社1999年版，第21页。

⑥ 资中筠：《中国的美国研究》，《美国研究》1987年第1期（第一卷）。

⑦ 陈晓兰：《民国时期旅美游记中的美国再现与"民族自志"》，《文学评论》2016年第6期。

⑧ 邹韬奋：《萍踪忆语·弁言》，上海三联书店1987年版，第2页。

⑨ 邹韬奋：《萍踪忆语·美国的殖民地——夏威夷》，上海三联书店1987年版，第250页。

上海解放前夕的绝唱:《西影》和《西影小说》

彭晓亮

上海解放前夕,曾经短暂存在过专门介绍西方电影的两份杂志,分别叫作《西影》与《西影小说》,是由同一家杂志社出版的。这家杂志社名为西影出版社,1948 年 11 月创办于上海,最初设在福州路 622—624 号,不久迁至苏州河畔的北苏州路 400 号河滨大楼 117 室。

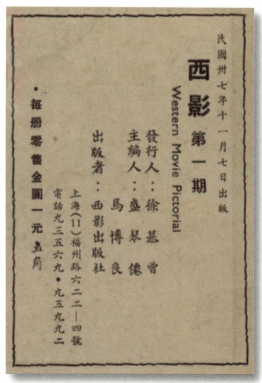

《西影》杂志创刊号封面及版权页

民國卅七年十二月八日出版

西影第二期
Western Movie Pictorial

發行人　徐慕曾

主編　盛琴仙
馬博良

出版者　西影出版社
北蘇州路四〇〇號二一七室

經銷者　中國圖書
雜誌公司

零售每册金圓拾元

《西影》第一卷第二期封面及版权页

　　《西影》杂志创刊于 1948 年 11 月 7 日，主要介绍西方电影特别是美国影片，有电影指南、演员消息、银海轶事及影评等，每期封面及内页皆有好莱坞著名影星的彩色精美照片。第二期于 12 月 8 日出版，这时西影出版社已迁至河滨大楼办公。杂志第一、二期由盛琴仙、马博良主编，第三期由盛琴仙独自主编，第四期起由盛琴仙、凌逸飞主编，发行人为徐慕曾，中国图书杂志公司负责经销，每期有猜奖竞赛活动，以激发读者的参与热情。在市场营销方面，杂志拉到了上海商业储蓄银行、中国旅行社、大生纺织公司、屈臣氏汽水公司、信谊药厂、上海亚丽童装商店、义生搪瓷厂、中国电影联营处、乐罗影片公司等广告赞助，同时在《申报》刊登消息，在《新闻报》刊发广告，扩大自身的宣传效应。

《西影》杂志坚持雅俗共赏的艺术宗旨，曾刊登《中国影星眼中的西影明星》《好莱坞三十年怀旧录》《西影明星如何度圣诞》《好莱

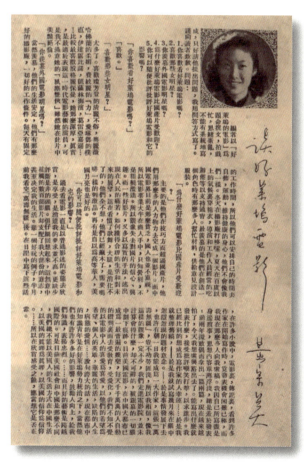

《西影》第四期刊登黄宗英《谈好莱坞电影》

坞影星的罢工潮》《环视全世界的电影市场》《好莱坞影星的犹太作风》等视角独特、脍炙人口的文章，也曾请当红明星为杂志助力，如发表影星白光的访谈录《白光眼中的西影明星》，邀请黄宗英撰写《谈好莱坞电影》，沙莉写《从西洋影片中得到的一点》，等等。正如第三期编后记中所言："艺术的表现是'美'，我们所求于艺术的是'欣赏'，电影本身是供欣赏的艺术品，因此我们认为作为电影的副产品的西影杂志，也应该是一种以欣赏为前提的艺术品。"（《西影》杂志第三期"编后记"，1948 年 12 月 25 日出版）

《西影》杂志第七期封面

但生不逢时，处于 1948 年底 1949 年初的大时代洪流中，国民党统治末期，共产党领导的人民军队狂飙突进，摧枯拉朽，《西影》杂志注定要遭遇生存危机。由于"国家多难，军事和政事无法解决，整个经济陷于极度的紊乱，物价天天涨，币值刻刻跌"，加上《西影》杂志"一切讲究，不肯马虎，单是一张封面彩色版的成本，就在普通任何一册杂志的全部成本之上"，在这样的大环境里，这家迎合影迷读者需求的小小杂志社，"为了保守信用，不愿使读者吃亏，始终咬紧牙关，牺牲到底"，但实在步履维艰，难以为继。（《西影》杂志第七期"编后记"，1949 年 4 月 20 日出版）无奈在 1949 年 4 月 20 日出版第七期之后，《西影》杂志便停刊了。

1949 年初，西影出版社曾打算创刊一份新杂志，起名叫《天下文章》，定位为一种综合性文艺丛刊，计划译述与创作各占一半，每月 10 日出版，初衷是"希望《天下文章》能像美国的读者文摘 *Reader's Digest* 一样深入到每一个市民的生活中去"。（《西影》杂志第四期"编后记"，1949 年 1 月 25 日出版）应该说，有这样的既定目标，愿望是美好的，但事与愿违，这份酝酿中的杂志一再迁延，最终未能面世，留下了一件憾事。

《西影》杂志自第四期起，辟了一个新栏目，叫作"西影小说"，译述著名影片剧情，先后发表了环球国际公司的《不夜城》与华纳影片公司的《情天惊魂》两部电影小说，深受读者欢迎，反响热烈。不少读者来信反映，每月读一篇意犹未尽，提议能否出版单行本，读起来更加过瘾。为满足读者的热切期望，同时也为弥补《天下文章》未能创刊的缺憾，西影出版社决定发行《西影小说》半月刊，计划每月 1 日与 16 日出版。同时，为弥补月刊与读者见面周期偏长的不足，《西影》杂志还广拓渠道，创新宣传形式，与大中国电台合作播出"空中西影"节目，每晚 10：30 至 11：00 准时与听众见面，播音与杂志联袂，扩展了杂志的影响面。

《西影小说》仍由盛琴仙、凌逸飞兼任主编，经过一番努力组稿，精心编校，功夫不负有心人，创刊号于 1949 年 4 月 1 日如期出版。编者在"卷前小语"中说："《西影小说》终于出版了！我们在如释重负之余，感到兴奋和愉快。"该刊把即将陆续在上海上映的西方影片编译为剧情小说的形式，目的在使读者进入电影院之前就对剧情有了大致了解，先睹为快。《西影小说》创刊号发表电影小说六篇，包括荣获当年第21届奥斯卡金像奖最佳影片的《汉姆雷特》（又名《王子复仇记》），以及《罗宾汉》《情窦初开》《逃狱雪冤》《朝云暮雨》《芳魂钟声》，文中还配有演职员表和多幅剧照，算得上是剧透。杂志封底为亚丽童装商店广告，是整份杂志中唯一的广告，该商店对杂志自始至终的大力支持可见一斑。与《西影》杂志不同的是，时势所限，这份《西影小说》

《西影小说》创刊号封面

苏州河、河滨大楼、邮政大厦（1949 年）

杂志仅此一期，真正是昙花一现，成了绝唱。

　　《西影》与《西影小说》两份杂志以电影文化传播为宗旨，先后在河滨大楼酝酿、编辑、出版，可以说是上海解放前夕的一段电影文化情缘。小小的杂志，留下了见证社会鼎革和文化变迁的深深印迹。

（本文作者为上海市档案馆副研究馆员）

吴朗西翻译伊林著《五年计划的故事》

吴念圣

伊林和他的《五年计划的故事》

《五年计划的故事》的作者伊林即米·伊林（М.Ильин，1895—1953）是苏联时代的科普作家，乌克兰人。伊林是笔名（英文为 M.Ilin），其本名为伊利亚·雅科甫列维奇·马尔夏克（Илья Яковлевич Маршак）。

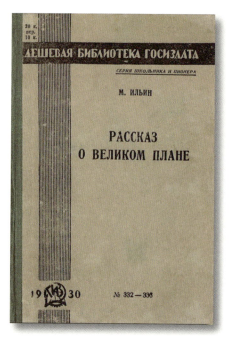

伊林著《五年计划的故事》俄文版

伊林著作甚多，从 20 世纪 30 年代初期便陆续翻译介绍到我国，至今仍有新译出版。有些人可能不知道，60 年代少年儿童出版社推出的那套青少年科普读物《十万个为什么》，就是借用了他 1929 年发表的科普读物 "Сто тысяч почему"（《十万个为什么》）这个书名。

《五年计划的故事》是为青少年描绘苏联第一个五年计划（1928—1933）的通俗小说，发表在 1930 年。其实，这个作品的俄文原题是 "Рассказ о великом плане"，意思为"一个宏伟计划的故事"，为什么译者吴朗西会用《五年计划的故事》这个题目呢？因为他是根据英译本重译的。

翻译始于东京丸善书店

吴朗西回忆说："我在东京丸善书店看到《五年计划的故事》英译本。我读了非常兴奋，非常激动。记得在那里站了半天，几乎一口气把这本书读完。这本书我后来译出来发表在《社会与教育》周刊上，并由上海新生命书局印为单行本。"①

吴朗西译《五年计划的故事》单行本 1931 年 12 月由新生命书局出版。该书局总编辑樊仲云为此书作"序"，其中说明："吴朗西用的底本是纽约 Houghton Mifflin Company 的英译本。"这个单行本还用了优美的插图，插图是樊仲云根据伦敦 Jonathan Cape 公司所出译本加上的，绘图者为 William Kermode。

俄文原著 1930 年出版，其 Houghton Mifflin Co. 英译本 1931 年 1 月 1 日问世，真可谓翻得快出得也快。中国方面也不慢。上述的"序"开头就写道："（一九三一年）六七月间，吴朗西先生从东京寄了《五年计划的故事》的译稿来，虽然只是一个目录并第一章的译文，已是我看了就想一气读完，但在中国不能立即买到英译本，于是只好等待吴先生的全部译稿。"下面还写道："本书最初发表于《社会与教育》周刊。"

《社会与教育》周刊系新生命书局管辖下的杂志，主编樊仲云，创于 1930 年 11 月 19 日，每周六发刊，每一卷出 26 期。吴朗西译《五

吴朗西译伊林著《五年计划的故事》书影及版权页（1931年12月，新生命书局）

年计划的故事》始载于 1931 年 8 月 1 日《社会与教育》第 2 卷第 12 期（总第 38 期），终于 1932 年 1 月 16 日第 3 卷第 10 期（总第 62 期），分 21 次刊完。其中有 3 期（总第 48—50 期）未刊登此译文。

由此可知，吴朗西译《五年计划的故事》没等《社会与教育》刊完，便出了单行本。这或许跟吴朗西同年 10 月从日本回到上海有关。

吴朗西 1925 年 10 月到日本，1926 年 4 月进上智大学专攻德国文学。

预科3年，本科3年，当于1932年3月毕业。1931年9月18日，"九一八"事变爆发，他再也不能安下心来学习，参加了中国青年会在神田举行的追悼中国东北死难同胞、抗议日本侵略中国的大会后，弃学归国。译者本人的回沪或许是加速《五年计划的故事》单行本出版的原因吧。

吴朗西早期翻译的苏联文学作品

吴朗西关于他在留日期间翻译苏联文学作品的那段历史有较详细的回忆，1968年1月21日他写："我在学校读的是德国文学。但我却对苏联的文学作品发生了兴趣。那时候在日本翻译出版的苏联文学作品不少，还有英、德文的译本也容易买到手。我在日本的最后两三年，晚间差不多都在搞苏联文学的翻译。我在中国公学中学部的同学夏坚白，那时候在北京的清华大学读书，他们办了一个《现代中学生》，要介绍苏联文艺作品，我便把这项工作包了下来。除了翻译短篇小说之外，苏联作家Panferov（般费诺夫）描写苏联农业集体化的长篇小说*Bruski*（《布鲁士基》），全部译了出来，寄交《现代中学生》连载，大概没有刊登完，这个刊物就停刊了。我在阅读和翻译苏联文学作品过程中，对苏联社会主义国家也就有了一些认识，也就产生了爱慕的心情，我的思想也就和空想的无政府主义有些距离了。但使我思想发生最大的转变，是我接触到伊林的《五年计划的故事》以后，我记得我在丸善书店发现了这本书的英译本，我是在书柜旁边站了半天，心情非常激动地把它翻阅完的。苏联五年计划的伟大社会主义建设，真是何等伟大啊！而且这是一本通俗读物，我想把它介绍给中国读者会使他们对苏联社会主义社会有一个真正的理解。我把译稿寄给当时在上海的《社会与教育》的主编樊仲云（此人在大革命后和茅盾一道到日本东京住了一个时候，我是在茅盾的地方认识他的，他后来成为汉奸）。先在《社会与教育》周刊上发表，后来就印成单行本。另外，我还寄了一些苏联中短篇小说的译稿给蒋光赤编的《太阳》杂志，但这些译稿，后来全无下落。"

夏坚白（1903—1977），江苏常熟人，就读中国公学中学部时，

《五年计划的故事》英译本

是吴朗西学兄。1925 年进清华大学，1929 年毕业留校。夏坚白等人办的《现代中学生》1930 年由北京书局出版，大概只出了六期。吴朗西为了翻译之事，1930 年暑假还去过北平。他当时的译作有：从德文版重译的亚历山大·列威诺夫著《饥饿》，两次连载于该杂志第 1 卷第 3 期和第 4 期；从英文版重译的潘铁莱门·罗马诺夫著《黑暗》，载第 1

后来成为测绘科学家的夏坚白

卷第 5 期；从英文版重译的西兰格·谢米诺夫著《奴隶的诞生》和佛·般费诺夫著《布鲁士基》，载第 1 卷第 6 期。

其中两篇后来重载于《社会与教育》周刊：《黑暗》载 1933 年 2 月 4 日第 5 卷第 10 期（总第 114 期），《奴隶的诞生》载 1933 年 2 月 11 日第 5 卷第 11 期（总第 115 期）。

若是吴朗西还有译稿交给蒋光赤的《太阳》杂志，那时间可能更早，因为《太阳》发刊期间为 1928 年 1 月至 7 月。

樊仲云、黄源、陆蠡与吴译本的诞生

吴朗西是 1928 年夏在东京认识樊仲云的。两人并无深交，但吴郎西翻译发表《五年计划的故事》显然得到时为新生命书局总编辑樊仲云的积极支持。这与樊在当时的政治倾向有关。樊仲云（1901—1989），浙江嵊县人。1923年参加文学研究会。大革命时加入中国共产党，出任黄埔军校武汉分校政治教官。他为吴译本写序文，热情歌颂新生苏联，文末署："樊仲云（民国）二十年十二月十八日，时沈阳陷落三月纪念。"吴译本的插画也是他找的。另外，出版吴译本与新生命书局的出版方针也不无关系，如胡愈之著《莫斯科印象记》，先在《社会与教育》连载，1931年8月由新生命书局出了单行本。该书局还出版过恩格斯的《家庭、私有财产及国家之起源》，列宁的《俄国资本主义的发展》。

关于吴朗西翻译《五年计划的故事》的那段历史，吴朗西好友，浙江海盐人黄源（1906—2003，笔名河清）这么回忆："他（吴朗西）在日本时曾译过苏联作家伊林的《五年计划的故事》，我介绍他连续发表在《社会与教育》上。"②

黄源在此文中还写道："我同吴朗西认识得比较早，是在1923或1924年（笔者注：当为1924年）他在之江大学附中读高中时认识的……1929年我在日本东京同朗西住在一起，受到他的照顾。他在上智大学研读德国文学，我就住在他家里。我先回国，我在翻译德国格莱塞的《一九〇二年级》时，先读到的是日文译本，后来决定翻译时，我请朗西在东京代购英译本。他买到后，先睹为快，寄给我时在书的空页上题着：'此书反映大战时德国的1902年生的儿童生活，既有趣又有意义，我赞成你赶快译出。'我就是根据英、日两种译本译成的。"黄源译《一九〇二年级》最初也是发表在《社会与教育》上，1931年由上海新生命书局出了单行本。

为这个《五年计划的故事》作出贡献的还有吴朗西另一位好友，浙江天台人陆圣泉（1908—1942，笔名陆蠡）。吴陆二人是之江大学附属高中同学，陆圣泉1927年入上海劳动大学工学院机械系，1931年毕业。当年暑假，吴朗西为翻译《五年计划的故事》回上海，住在江湾的陆圣泉家。据吴朗西说，暑假结束，他返回日本继续学业，《五年计划的故事》余下两章是委托陆圣泉翻译的。

董纯才译伊林著《五年计划故事》

说吴朗西译伊林著《五年计划的故事》，也应该说说董纯才译伊林著《五年计划故事》。两者译本书名仅一字之差；但要说影响，恐怕后者更大。

董译《五年计划故事》，1937年5月由开明书店出版。卷首"译者的话"写于1937年3月6日："在我预备译《不夜天》的时候，我就想索性连《五年计划故事》也译出来吧。虽说这本书已经有了一个译本，在另外的书店出版，但是多一个译本说不定使这本名著可以更容易推广一些哩。当时我就把这意见跟C兄说，他也很鼓励我译。于是就

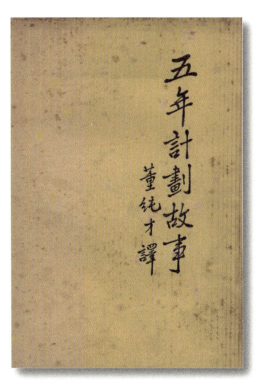

董纯才译《五年计划故事》书影

化了一个多月的工夫，把这本名著译了出来，献给没有读过它的读者。"

董译本也是从英语重译的。该书1954年由中国青年出版社再版时，卷首的"重印题记"写道："本书是根据英译本转译的。在这次重版的时候，我们原想找一本俄文原本来核对修正一下，改排付印。可是因为原书出版已久，一时无法找到，暂时只能就文字上有不妥的地方加以必要的改动。又因原译者董纯才同志出国未回，这些改动，不及征得他的同意，特在这里声明负责。"

董译本用的底本不清楚，不过用的插画与吴译本一样，也是克摩得（Kermode）所作。

董纯才（1905—1990），湖北大冶人，科普作家。除了《五年计划故事》，他还在开明书店翻译出版了伊林写的《十万个为什么》（1934年10月初版）、《人和山》（1936年8月初版）、《几点钟》（1936年8月初版）、《黑白》（1936年8月初版）、《不夜天》（1937年5月初版）。他1937年参加革命，同年到延安负责教育工作。1949年后曾长期担任国家教育部党组书记、副部长，兼任中央教育科学研究所所长。

（本文作者为吴朗西之子）

注：

① 吴朗西：《我的前半生》，载《吴朗西先生纪念集》，上海文艺出版社2000年版。

② 黄源：《鲁迅晚年最信任的出版家吴朗西》，写于1999年4月16日，载《吴朗西先生纪念集》，上海文艺出版社2000年版。

从长征出发到红星之路
——"人文社"版《红星照耀中国》编辑策划手记

脚　印

题记：将一本据说"很难卖"的书发行一千万册。

出版《红星照耀中国》，使它重新成为当代经典，是我长时间以来的愿望。

2000 年，我听说作家王树增准备写一部全景式的非虚构作品《长征》，心里为之一振。因为此前读过他的《朝鲜战争》，很欣赏他对恢宏历史的把握能力和驾驭历史与现实的沟通能力。这种书正是我想做的，我对他写的《长征》充满了期待。但是那时他还是武警文工团的团长，忙着排练节目、四处演出、评奖啥的，我只是知道他为写《长征》准备了很多年，提笔写作却没有时间。这就开始了漫长的等待。因为有《长征》选题的期待，我这期间读了一些有关长征的书籍，主要是想了解这段对当今中国人心灵和精神产生重要影响的历史，在被人们千百万遍地书写后还能有什么新意。其中有埃德加·斯诺的《西行漫记》（那时还不叫《红星照耀中国》）和索尔兹伯里的《长征——闻所未闻的故事》。这两个杰出的美国记者以极大的勇气和激情，付出艰苦的努力，颇具冒险精神，成就了伟大的经典著作，在世界范围引起轰动。

我读的《西行漫记》是 1979 年三联书店出版的董乐山译本，"红星照耀中国"这个书名是董先生翻译的，在当时出版此书，这个书名并没被启用，只是作为"原名"被注明在封面上。这本书翻译得太好了，语言优美，朴实，真诚，通达，难怪它甫一出版便在春暖花开时节风靡一时。

1979年版的《西行漫记》

然而，埃德加·斯诺在书里热切期待："总有一天会有人写出这惊心动魄的远征的全部史诗！"我想，对呀，长征胜利70年了，是应该有一部关于这场惊心动魄的远征的全部史诗！王树增会是那个担纲人吗？

2004年下半年，王树增为写《长征》辞去武警文工团团长职务，潜心创作。可是人民文学出版社（以下简称"人文社"）此时还没有出版过这类大题材非虚构作品，书稿完成后，为争取在人文社出版，我们曾经历了许多周折，不负作者夫妇对人文社的充分信任，书也算出得顺利。但我们完全忽略了"长征"这样宏大主题书的出版时点：2006年10月是长征胜利70周年，上一年上面已经布置各出版社出版相关图书，因而10月前，关于长征的书已出版了370多种。我们的《长征》也许是最后一本出版物。

当年国庆节前，中宣部在军事博物馆搞了个长征出版物展览。红红的一片，令人目眩，我们的书，小小的，简简单单的设计，毫不起眼地摆在角落里。再看那些大红而印制精美图书的印数，最多几千册，要不根本不写印数。只有我们的书版权页赫然写了 50000 册！我心里直冒凉气，记得那天，我和一个同事坐在军博大门外台阶上，半天起不了身。但作者和我们内心里相信，我们的《长征》是一部值得今天人们深读的书。好的作品一定有更广阔的天地，更强的生命力。

2006 年 10 月份，《长征》仅卖出几十本。但到了 11 月，随着读者的好评鹊起，经过口口相传，这本书的销售情况大为好转，年底 50000 册书已销完。到第二年三四月，已销售了 90000 册。2007 年《长征》获得了所有国家级图书奖（中国图书政府奖、中宣部"五个一"工程奖、鲁迅文学奖）。到今天，《长征》出版已 15 年，它依然是长征

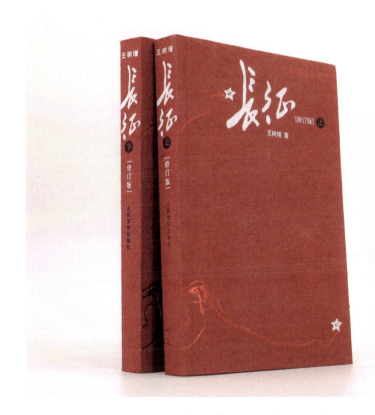

王树增的《长征》（2006 年 8 月）

题材里最重要的经典作品之一，畅销不衰。

2009 年是新中国成立 60 周年，我编辑出版了王树增的战争系列重要作品《解放战争》。这部书体量大，130 万字，上下卷，老厚老厚的，但它很受读者欢迎，销量很大，也获得了所有国家级图书奖（中国图书政府奖提名奖、中宣部"五个一"工程奖、鲁迅文学奖）。令人惊喜的是，我发现阅读《解放战争》的读者，很多人是读过《长征》的，如果他没有读过《长征》，读完《解放战争》，还会再去读《长征》，因而《长征》的销量在这一年也不少，题材接近的图书相互带动销售的作用十分显著。

这种由此及彼的带动阅读现象，让我又一次想起红色经典《西行漫记》（《红星照耀中国》）。我想若是出版这本书，一定能带动《长征》销售。我便开始了解这本书的相关情况，当时得到的消息是版权比较复杂，此前已经多次换手。历史上，这本书从 1938 年被介绍到中国以来，至今已在不同出版机构出版过 60 多个版本，到今天它早已被书海淹没，被大多数读者忘记或者忽视。而目前正在出版和销售此书的出版社并不看好它，因为每年仅有几千册的销量。我觉得这完全不可理解，这样的书怎么会卖不动？但是，因为我是人文社的当代文学编辑，在当时社内的板块分工之下，我不能插手做翻译作品，于是只能暂时把这个选题放下。

2012 年，我开始创办以我个人名字命名的工作室——脚印工作室，这是中国出版集团和人民文学出版社联合开办的一个创新项目。按照项目责任制的设计，我在选题和图书运作方面有一定自主权。此时，我觉得机会来了，于是又继续追寻《红星照耀中国》的版权，但是阴差阳错，此书的版权已经被另一家出版社接手了，这一下让我又等了四年。

2015 年我们工作室出版了王树增《抗日战争》三卷本，这部更大规模的作品依然有良好的双效，发行了 100 多万册，并获得全国"五个一"工程奖和中国图书政府奖提名奖，其对"战争系列"图书的带动作用，更是显而易见。这一年我还做了《长征》（修订版）。2016 年是长征胜利 80 周年，从 70 年到 80 年这 10 年间《长征》都是我社的畅销

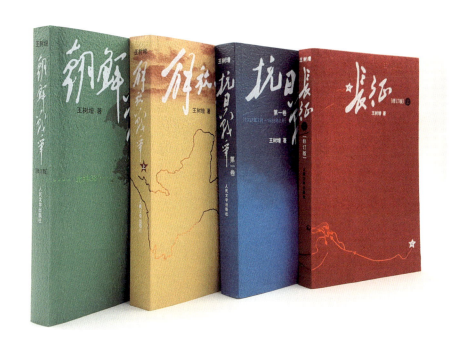

王树增的"战争系列"

加常销书，为推广《长征》（修订版），我下决心一定要努力拿到《红星照耀中国》的董译本版权。

2015 年，《红星照耀中国》的版权又一次到期，我打听到前次签约的出版社并不打算续签，因为在过去几年，这本书销售依然不好，说是"很难卖"。我的朋友中，有个做过此书的编辑知道我想去谈这本书的翻译版权，很郑重地劝我慎重。也许他们不太清楚我对这本书热切的渴望和坚定的信念：《红星照耀中国》是第一部写长征的经典，而王树增的《长征》是 70 年后的经典，两部相隔 70 年的经典辉映，一定有别样的效果。当然，我最初的预期并不很高，但我也并不甘心每年只销售几千册。我跟董乐山家属真诚地表达了我的愿望，尽管有别家出版社开出比我们更高的版权费，她还是将此书托付给我了。作家和出版社、编辑真诚的信赖、共同的信念是成就大作品的前提。想到这些，我心里不禁有些沉甸甸的。

《红星照耀中国》在"人文社"就这样起步了。

这本书既然在我手里出版，一定要出彩。这是我当时的决心。

首先是装帧设计要引人注目。我请曾经设计过《长征》，并获了中国出版政府奖设计奖的刘静设计《红星照耀中国》，告诉他我的期望，他不久后拿出的设计果然令我万分惊喜，它完美地呈现了本书的气息：明亮，单纯，乐观。从这个装帧设计，我预感到我们的第一步已经成功了。

其次是要确保出版质量。我的工作团队有几位年轻的编辑刘健、梁康伟、王蔚，还有资深编辑杨新岚都显示了杰出的编校能力，他们做了大量细致的案头工作，使这部书编校和排版趋于完美。

第三便是要做好推广了。谁能为这本书发声做推广呢？除了一般

人文社版《红星照耀中国》（2016 年）

的新闻报道以外，我们觉得，这本书的宣传需要专业人士出面。我了解到，埃德加·斯诺和他的夫人海伦·斯诺长期以来一直没有被史学界忘记。有一批中国现代史学者，每年都会召开"两个斯诺的中国情结国际研讨会"，我相信他们一定会关注这本书的出版。于是，2016年，在《红星照耀中国》刚刚出版之时，我就带了一批书到西安参加了当年的研讨会。在会上，我见到了"两个斯诺"的多位家属和许多著名的斯诺研究专家。他们看到我赠送的《红星照耀中国》，不胜惊喜，爱不释手。要知道，当时国内对斯诺的研究正处于沉闷的低谷，这本书的重新出版，以精美的设计，大气的制作以及人文社对此书的高度重视，给他们带来一个新的话题，使他们格外兴奋。于是，这些学者纷纷联系此书的出版撰写文章，讲述《红星照耀中国》自1938年首次出版以来在国内传播、流传的各种传奇故事。张小鼎、安危、孙华、刘力群等专家学者，他们每个人都熟悉这部书的来龙去脉，他们的文章在各大报刊陆续发表，对宣传新版《红星照耀中国》起了至关重要的作用。

人文社推出新版《红星照耀中国》在媒体上被广泛介绍以后，此书的销量开始攀升，很快就超出了我们的预期。特别是此书逐渐引起了一些学校的领导和教师的注意。他们觉得这是一本可以用来对学生进行革命传统教育的极好教材。最初是一些学校推荐给学生，作为课外读物，从而使这本书开始进入中学生市场。进而国家中小学教学统编教科书将它收入，使它的销量在不到两年的时间里就达到了300万册。

对于一般图书，这样的销售纪录已可谓惊人了，但是对于《红星照耀中国》，它的市场潜力还可以进一步挖掘。我们都意识到，本书的营销还可以趁热打铁，再接再厉。

为了进一步推广这部红色经典，2018年4月24日，由中国出版集团、人民文学出版社、全国中语会联合主办的"红星耀中国 经典长流传——纪念《红星照耀中国》中文版出版80周年座谈会"在京举行。中国出版协会常务副理事长邬书林，中国出版集团副总裁潘凯雄，北京大学中文系教授温儒敏、曹文轩，斯诺研究专家孙华等一大批专家学者出席大会发表讲话，他们对此书的高度评价见诸各大主流媒体，从而再一次引

纪念《红星照耀中国》中文版出版80周年座谈会嘉宾合影（2018年4月24日）

起社会舆论的广泛关注。由于他们都是在大众读者和学校师生中威信极高的学者，所以他们的态度直接影响到读者对于此书的认知。

例如既是儿童文学作家又是中文系教授的曹文轩在《〈红星照耀中国〉让我们看到了中国革命的原点》中不仅盛赞这本书以高度的历史真实"呈现了可以让我们触摸的一段中国历史"，而且还从语文教学的角度，评论《红星照耀中国》的叙事文体，指出书中有"大量可以专供语文老师跟学生讲'风景描写'的片段"，又强调这本书"在篇章结构上也很有讲究"①。这种介绍极易引起中小学老师的兴趣。

又如教育部统编语文教材总主编温儒敏教授在《〈红星照耀中国〉的魅力何在》一文中特地介绍了他们将这本书编入教材的初衷：

　　《红星照耀中国》这部经典现在收进了新编的初中语文统编教材八年级上册，是作为纪实类作品收录的。主要想引导学生通过这本书的阅读去感受中国共产党人的理想信念与胸襟气度，传承革命传统；还希望通过这本书的学习，掌握新闻类纪实作品阅读的方法，学会如何观察事物，抓住特点，锻炼眼力和表达能力。也让学生了解，新闻报道是纪实，但也有立场态度，有作者的关怀与选择。在当今信息爆炸的时代，让学生学会观察、思考和选择，是非常必要的。[2]

这样的文章发表在《人民日报》上，影响当然巨大。

于是，从2018年7月《红星照耀中国》的销售再掀狂澜，到2020年10月发行已达1100万册，可以说是创造了一个奇迹。与此同时，王树增的《长征》的总销量也攀升到300万册，这显然与《红星照耀中国》的带动有关。两部经典的"双璧效应"最终形成。

我本人从2000年跟踪《长征》选题开始关注《红星照耀中国》，于今20年，我欣喜地看到我们种下的一棵日渐茁壮的树结出了沉甸甸的果实。

（本文作者为人民文学出版社编审）

注：

① 曹文轩：《〈红星照耀中国〉让我们看到了中国革命的原点》，见2018年5月16日中国出版传媒网。

② 温儒敏：《〈红星照耀中国〉的魅力何在》，见2018年5月8日《人民日报》。

"党的出版一百年——真理传播在上海"展览在沪举行

今年是中国共产党成立100周年。6月29日，我馆与杨浦区文化和旅游局主办的"党的出版一百年——真理传播在上海"展览在杨浦区明华糖厂开幕。

从建党的开天辟地，到新中国成立的改天换地，再到改革开放的翻天覆地，党带领人民走过千山万水，创造了足以让中国人民引以为豪的辉煌历史。上海是党的诞生地，也是党的出版事业的诞生地。党的出版事业是党"为人民谋幸福、为民族谋复兴"初心使命的重要组成部分。它与党不断推进马克思主义中国化的光辉事业联系在一起，与党决胜全

赵书雷、朱依雯、胡国强、刘东昌、上官消波、方奇华（从左至右）为展览开幕式剪彩

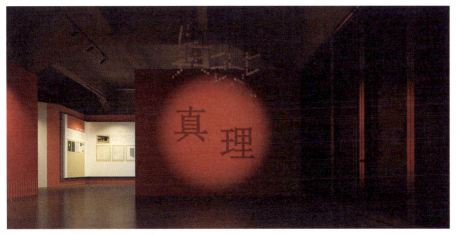

序厅的艺术装置投射出"真理"二字

面建成小康社会，夺取新时代中国特色社会主义伟大胜利的奋斗目标联系在一起，谱写出中国共产党百年历史和中国现当代出版史的壮丽篇章。

此次展览为期一个月，总面积 1000 平方米，围绕中国共产党的百年出版事业成果展开，全面系统地展示了中国共产党成立至今各重要历史时期的思想理论体系建设在出版方面的重要体现。展示内容依据中国共产党的发展历程划分为四个部分：一、开天辟地——唱响民族解放的主旋律；二、改天换地——唱响社会主义建设主旋律；三、翻天覆地——

展览现场

展览第二部分 "改天换地——唱响社会主义建设主旋律"

唱响改革开放主旋律；四、顶天立地——唱响民族复兴主旋律。通过回顾和展示中国共产党的出版事业发展历程，让观众深入了解党的出版事业是党领导中国人民实现社会主义现代化和中华民族伟大复兴的历史使命的重要组成部分，其基本任务是以马克思主义教育全党，向人民传播先进文化。要实现下一个一百年的奋斗目标，仍然要坚持中国共产党领导，坚持正确的思想理论建设，坚持发展党的出版事业。值得一提的是，展板上体现了最新的党的出版成果和出版大事件，如"人民至上·中国共产党百年奋进研究丛书""庆祝中国共产党成立 100 年专题研究丛书"的出版以及第五届中国出版政府奖的获奖图书。

展览现场

展览现场还有不少珍贵的展品，涵盖了党发展历程中的重要出版物和党的文献著作，马列主义、毛泽东思想、邓小平理论、"三个代表"重要思想、科学发展观、习近平新时代中国特色社会主义思想著作等，以及珍贵的出版档案资料，如 1919 年《湘江评论》第一号、1915 年 9 月 15 日《青年杂志》创刊号、1933 年胡愈之手写的生活书店社章、《资本论》第一卷内部著作权注册执照。其中胡愈之手写的生活书店社章是我馆独家珍藏，此外《资本论》第一卷内政部著作权注册执照为首次披露。

介绍新知书店、读书生活出版社、生活书店出版物

展览现场的"互动翻书"

为配合整个空间的图文展板，展览还通过部分多媒体展示动态内容，亮点频现：

1. 现场翻阅党的早期文献萃编电子版。展览设有"互动翻书"环节，从新青年社、人民出版社、上海书店、长江书店、华兴书局等党的早期出版机构在上海出版发行的图书中，甄选出一批价值高、作用大、影响广的图书，将影印本导入互动电子屏中，供观众现场翻阅查看。

2. 党的出版大事记"文字瀑布"。现场的大屏幕以"文字瀑布"的形式，呈现共产党出版历程中的诸多第一次和中央出版机构的沿革等内容，带领观众回顾党的出版 100 年来不断前进的光辉历程。

3. 红色上海出版地图。现场布置了触控大屏，展现红色上海出版地图，将建党以来党的出版机构坐标呈现在地图上，通过与地图的互动，观众可以从空间上了解党的出版事业发展壮大的过程。

4. 专题视频讲述出版大事。现场设有大屏幕，播放四个专题视频，分别是：陈望道和《共产党宣言》；为《毛泽东选集》设计"宋二体"；

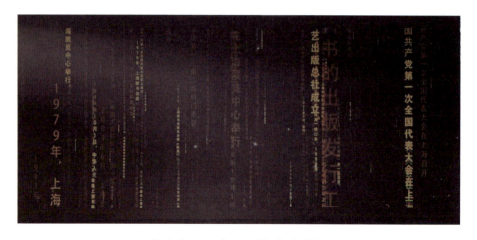

党的出版大事记"文字瀑布"

新华书店的成立和发展；《辞海》各版本变迁。其中在《辞海》各版本变迁中还加入了《辞海》的网络版。

值得一提的是，展览开幕式上，上海印刷集团有限公司演唱队和新华传媒连锁有限公司演唱队分别演唱了创作于 1938 年和 1941 年的《中央印刷厂厂歌》和《新华书店店歌》。这两首歌在延安清凉山下鼓舞了一代出版人的斗志，又成为新时代出版人传承革命精神、永葆革命本色的载体。同时，《出版人之歌》举行了首发仪式，在延安出版人革命精神感召下，这张 CD 从策划到出版用时只有 15 天，创下了一个纪录。

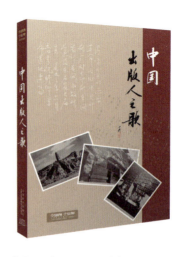

《中国出版人之歌》CD 专辑